Callwey

33 ARCHITEKTEN IM GESPRÄCH

GRAFT – GESELLSCHAFT VON ARCHITEKTEN MBH

CHRISTIANE TRAMITZ
WOLFGANG BACHMANN

„ARCHITEKTUR IST NÄMLICH GANZ EINFACH"

33 ARCHITEKTEN IM GESPRÄCH

Edition **Baumeister**

CALLWEY

IMPRESSUM

©2011

Bibliografische Information der Deutschen Nationalbibliothek

Die Deutsche Nationalbibliothek verzeichnet diese Publikation in der Deutschen Nationalbibliografie; detaillierte bibliografische Daten sind im Internet über http://dnb.d-nb.de abrufbar.

ISBN 978-3-7667-1916-4

Das Werk einschließlich aller seiner Teile ist urheberrechtlich geschützt. Jede Verwertung außerhalb der engen Grenzen des Urheberrechtsgesetzes ist ohne Zustimmung des Verlags unzulässig und strafbar. Das gilt insbesondere für Vervielfältigungen, Übersetzungen, Mikroverfilmungen und die Einspeicherung und Verarbeitung in elektronischen Systemen.

Umschlaggestaltung, Konzept, Layout und Satz:
GRAMISCI Editorialdesign & Art Direction/Petra Saborny Kommunikationsdesign

Druck und Bindung: Kastner & Callwey Medien GmbH, Forstinning

Bild Umschlag: Ulrike Myrzik und Manfred Jarisch

Titelmotiv: Böge Lindner K2 Architekten, Jürgen Böge

Titelzitat: Paul Kahlfeldt

Bild Seite 2: Fotos im Bild von Ulrich Weichert

Die Projektbilder der Steckbriefe wurden, sofern nicht anders benannt, von den jeweiligen Architekturbüros für diese Publikation zur Verfügung gestellt.

Alle anderen Fotos: Ulrike Myrzik und Manfred Jarisch, www.myrzikundjarisch.com

Printed in Germany 2011

INHALT

DIE ARCHITEKTEN
4A ARCHITEKTEN
ALLMANN SATTLER WAPPNER . ARCHITEKTEN
ATELIER CZECH
ATELIER LÜPS
AUER+WEBER+ASSOZIIERTE
BARKOW LEIBINGER ARCHITEKTEN
BAUMSCHLAGER EBERLE
BEHNISCH ARCHITEKTEN
BÖGE LINDNER K2 ARCHITEKTEN
BRT ARCHITEKTEN
BURKARD MEYER ARCHITEKTEN
CARSTEN ROTH ARCHITEKT
COOP HIMMELB(L)AU
CUKROWICZ NACHBAUR ARCHITEKTEN
DIETRICH | UNTERTRIFALLER ARCHITEKTEN
FINK+JOCHER ARCHITEKTEN UND STADTPLANER
FLORIAN NAGLER ARCHITEKTEN
GRAFT – GESELLSCHAFT VON ARCHITEKTEN MBH
GRÜNTUCH ERNST ARCHITEKTEN
HENN ARCHITEKTEN
HIENDL_SCHINEIS
INGENHOVEN ARCHITECTS
J. MAYER H.
KAHLFELDT ARCHITEKTEN
KLEIHUES+KLEIHUES
KLUMPP + KLUMPP ARCHITEKTEN
LEDERER + RAGNARSDÓTTIR + OEI
MORGER + DETTLI ARCHITEKTEN
MUCK PETZET ARCHITEKTEN
NIKOLAUS BIENEFELD, ARCHITEKT
PETER HAIMERL . ARCHITEKTUR
STAAB ARCHITEKTEN
WOLFGANG TSCHAPELLER

006 PROLOG

011 SPURENSICHERUNG
Wie alles begann:
Warum wird man Architekt?

043 IMAGE
Welches Image besitzt der Architekt
in der Gesellschaft?

057 PROBLEME
Hürden und Stolpersteine auf dem Weg
zum Erfolg

079 KREATIVITÄT
Zwischen Eingebung und Einschränkung
– eine Art Schöpfungsgeschichte

113 TALENTSCHMIEDEN
Architekt sein, Architekt werden

133 AUSBLICK
Womit werden sich Architekten künftig
beschäftigen müssen?

158 EPILOG

160 33 ARCHITEKTEN IM PORTRÄT

ARCHITEKTUR IST ÜBERALL. STÄNDIG, VON MORGENS BIS ABENDS, SIND WIR VON ARCHITEKTUR UMGEBEN, WIR LEBEN IN IHR IN UNSERER UNMITTELBAREN BEHAUSUNG, IN ZIMMERN, WOHNUNGEN UND HÄUSERN.

Verlassen wir unsere vier Wände und treten auf die Straße, begegnen wir ihr wieder auf Schritt und Tritt. Tagtäglich gehen wir an Gebäuden vorbei oder in sie hinein. Dort steht das grüne Haus mit den beiden Erkerfenstern, links daneben die Tankstelle, rechts der elegante Glasturm, in dem sich unsere Bank befindet, und außerhalb des Orts liegt der Bauernhof, wo wir frische Eier kaufen. Wir schlendern über Stadtplätze, setzen uns auf eine Bank und lesen Zeitung: ringsum Architektur. Wir erleben sie an unserem Arbeitsplatz, im Schwimmbad, wenn wir ins Kino gehen oder auf den Friedhof.

In der Regel betrachten wir Architektur als etwas Bekanntes und Gewohntes. Gebautes wurde für uns schon fast zur natürlichen Umwelt: Architektur ist selbstverständlich. Vielen wird sie jedoch erst dann wirklich bewusst, wenn sie im positiven Sinn als großartig, spektakulär, avantgardistisch, oder im negativen als unharmonisch, störend, fremd empfunden wird. An Architektur erinnern wir uns immer, sobald wir mit ihrer Veränderung konfrontiert werden, wenn wir auf einmal in eine Baugrube sehen, wo ehemals ein vertrautes Haus gestanden hat. Viele Menschen bewegt das spontan, die Nachbarn fühlen sich irritiert, die Lokalzeitung meint etwas dazu, der Stammtisch ergreift Partei – erst recht, wenn die Lücke geschlossen und ein neues Gebäude entstanden ist.

Manchmal nehmen wir Architektur auch als etwas unerreichbar Begehrenswertes wahr, wenn uns in Hochglanzmagazinen und Spielfilmen vorgeführt wird, wie schön man leben kann – beziehungsweise könnte. Lissabon, Venedig oder Paris, das sind auch immer gebaute Sehnsuchtsorte. „Architektur ist das prominenteste Artefakt, das wir Menschen haben", bestätigt **STEFAN BEHNISCH**. „Überall sehen Sie Architektur, im Guten wie im Schlechten. Architektur können Sie nicht entgehen, der öffentliche Raum zwingt sich Ihnen auf, Sie haben keine andere Wahl. Aus diesem Grund versteht unsere Gesellschaft durchaus, welche Bedeutung Architektur in kultureller Hinsicht hat."

Besonders auffallend wird Architektur, wenn wir unsere gewohnte Umgebung verlassen, von der Stadt aufs Land fahren, vom Norden nach Süden, von den Bergen ans Meer, von Europa nach Asien, Afrika oder Amerika. Je entfernter und fremder Architektur von unserem alltäglichen Leben ist, desto intensiver nehmen wir sie in der Regel wahr. Sie macht den Unterschied.

Architektur steht aufgrund ihrer Unmittelbarkeit in der Verantwortung all jener, die mit ihr konfrontiert werden. Und das sind wir. Gleichgültig, ob wir achtlos an ihr vorbeilaufen oder staunend vor ihr stehenbleiben, ob wir uns in ihr wohlfühlen oder nicht. Architektur wird wahrgenommen und wirkt auf uns in irgendeiner Form – ein weites Feld für die Gestaltpsychologie. Wenn es drastisch und einprägsam ohne weitere Beweise gesagt werden soll, wird gern Heinrich Zille zitiert: „Man kann mit einer Wohnung einen Menschen genauso töten wie mit einer Axt."

DREIUNDDREISSIG ARCHITEKTEN UND ARCHITEKTINNEN

Wen wir in der Regel nicht wahrnehmen, weder kennen noch je gesehen haben, sind die Architekten. Meistens wissen wir nicht einmal ihre Namen, wenn wir vor einem bekannten Gebäude stehen – sieht man von den illustren Persönlichkeiten ab, die es hin und wieder ins Feuilleton schaffen: Hadid, Gehry, Foster oder Chipperfield – übrigens auffallend: das sind keine Architekten aus Deutschland. Ginge es um die Frage, wer bei uns zu den 100 bekanntesten Persönlichkeiten zählt, wäre mit großer Wahrscheinlichkeit kein einziger Architekt darunter. Allerdings gehört der Architektenberuf bei Jugendlichen zu den beliebtesten, wie aktuelle Umfragen zeigen.

Ebenso wenig wie wir die Namen von Architekten wissen, ahnen wir, warum diese so und nicht anders bauen. Wir können uns nicht vorstellen, was in ihren Köpfen vor sich ging, woran sie dachten, was sie inspirierte, was sie sich mit den Gebäuden erhofften, während sie zeichneten, Modelle bauten, Konstruktionen und technische Details diskutier-

PROLOG

ten, schließlich Materialien festlegten und dem knappen Budget zuliebe alles wieder überarbeiten mussten. Wer kann nachvollziehen, wie widrig, strapaziös und oft völlig unkreativ, ja, architekturfern die unterschiedlichen Bauphasen sind, bis Gebäude endlich stehen?
Wer sind sie, diese Baukünstler, Projektmanager, Haus-Ingenieure, Stadtvisionäre, Umweltplaner: Architekten? Und vor allem: Wie sind sie, und wie sehen ihre Lebens- und Arbeitswelten aus?

Das ist ein Buch, in dem die Architekten im Mittelpunkt stehen, weniger ihre Häuser. Es sind ausgesuchte Vertreter ihres Berufs, 33 an der Zahl. Darunter große, bekannte Büros, Einzelkämpfer, Lebens- und Arbeitsgemeinschaften, Frauen, Männer, Junge, Alte. Sie wurden von der Zeitschrift *Baumeister* ausgewählt. Bestimmt wird man einige vermissen, das ist unvermeidlich. Aber jeder Name steht für einen Typ, eine Arbeitsweise, eine Auffassung, eine Vorliebe. Repräsentativ wird man diese Auswahl nach wissenschaftlichen Kriterien nicht nennen dürfen. Es ist vielmehr eine sorgfältig konstruierte Besetzung mit maßgebenden Rollen im deutschsprachigen Architekturtheater. Dazu zählen deshalb keine Planvorlageberechtigten, die Keller für Fertighäuser und Outlet-Center in Gewerbesteppen bauen oder gerade ihre ersten Striche am Küchentisch ziehen. Jeder und jede der besuchten Architekten und Architektinnen vertritt eine erkennbare Position im zeitgenössischen Bauen, die nicht singulär steht, sondern im Kontext mit Arbeiten von Kollegen, Juryentscheidungen bei Wettbewerben oder als Einfluss auf Studentenentwürfe zu sehen ist. Insofern geben die hier vertretenen Kollegen exklusiv und zugleich stellvertretend Auskunft über den Stand der Dinge.

DIE LEBENS- UND ARBEITSWELTEN IM DIALOG, GEHÖRT, GESEHEN UND ERLEBT

Dieses Buch hat eine Besonderheit, die unseres Wissens in der Form noch nicht erprobt wurde. Als erste Annäherung hat die Autorin Christiane Tramitz die von der *Baumeister*-Redaktion vorgeschlagenen Büros besucht. Entscheidend war der Blick von außen, sagen wir aus ungenierter Laiensicht. Christiane Tramitz ist keine Architektin.
Die Sicht des Laien hat aber durchaus Vorteile: Er kommt mit Fragen, die ein Architekt so wohl nicht stellen würde, unbedarft, manchmal naiv, ohne Kopfschütteln zu ernten.

Im nächsten Schritt hat Wolfgang Bachmann als zweiter Autor die diskursiv geordneten und erläuterten Antworten gegengelesen, Randnotizen verfolgt und auch ungefragt mit seinen in Jahrzehnten im Architekturmilieu gesammelten Beobachtungen und Hinweisen ergänzt. Das Ziel war, ein Lesebuch zu schreiben, keine dozierende Beweisführung, keine statistisch erhärtete Untersuchung, sondern ein unverfrorener Report aus der Szene. Architekten, hatte einmal ein Schweizer Kollege gesagt, sind menschenähnliche Wesen.

KREATIVE ARBEITSPLÄTZE. ABER ORDNUNG MUSS SEIN

Wie hat man sich das Büro, das Studio oder in Österreich das Atelier eines Architekten vorzustellen? Sieht es aus wie beim Steuerberater oder wie in einer Arztpraxis? Wie beim Maßschneider oder beim Softwareentwickler? Eigentlich haben Architekturbüros ein bisschen von allem. Auf jeden Fall sind es Orte, die wie überdimensionale Visitenkarten das Besondere des Berufs ahnen lassen. Häufig befinden sich die Büros in eindrucksvoller Lage: über den Dächern der Stadt mit atemberaubendem Blick auf einen Fluss, in einer verwinkelten Gasse, eingeschachtelt in einem Altbau aus dem 17. Jahrhundert, in einem modernen Glaspalast oder einer herrschaftlichen Villa, ein Architekturbüro ist gar in grüner Wildnis versunken, als wäre es aus der Natur gewachsen. Bevorzugt hat man sich seine Arbeitsstätte jedoch in einem aufgelassenen Fabrikgebäude eingerichtet. Loft heißt das jetzt neudeutsch, da ist Platz, da wird das Gebäude selbst zum Experiment zwischen nachhaltiger Interpretation und Sanierungsfall. Je nach Größe des Betriebs empfangen entweder überdimensionale, Licht durchflutete, leere Hallen, chice, mit Design-Klassikern bemusterte Räume oder gemütliche Altbauzimmer. Selbstständige Architekten arbeiten nicht von neun bis fünf, da ist es naheliegend, dass sie sich als Gestalter von Lebensräumen auch ihren eigenen Arbeitsplatz, an dem sie häufig bei Wettbewerben und Terminnöten die Nächte und Wochenenden zubringen, halbwegs erträglich einrichten.
Fast überall stehen wie vereinbart die gleichen Zeichentische, die irgendwie an Wäscheständer erinnern. Wüsste man es nicht besser, würde man auf IKEA tippen. Aber die

PROLOG

demontierbaren Gestelle mit der lose aufliegenden Platte gehen auf einen Entwurf von Egon Eiermann aus dem Jahr 1953 zurück. Lange wurden sie nur in der Schlosserei der TH Karlsruhe, an der Eiermann lehrte, zusammengeschweißt. Das ausgekreuzte geometrisch strenge Stahlrohrgerüst ist nicht nur ein preiswertes Starter-Set für Berufsanfänger – dieses nicht mehr weiter reduzierbare Skelett gilt auch als Inkunabel einer rationalen, leichten Architektur, als eine Art Standesausweis. Fürs Erste genügte ein billiges, mit Papier bespanntes Limba-Türblatt als Platte. Damit sich beim gelegentlichen Draufsetzen die dünnen Rohrbeine nicht durchstanzten, schob man die Deckel von Tabaksdosen oder Gurkengläsern dazwischen. Das war bereits gelebte Baukonstruktion. So konnte es im eigenen Büro losgehen. Später wurden unter die mit Linoleum oder Resopal furnierten Platten Körbe für die Computerkabel montiert – der Eiermann-Tisch, wenn auch verchromt, steht immer noch, jetzt vor sündteuren Eames-Stühlen und USM-Haller-Stellagen.

An diesen nebeneinander und manchmal paarweise gruppierten Tischen sitzen die Mitarbeiter vor ihren Computern, konzentriert, in ihre Arbeit vertieft. Meistens herrscht Ruhe in den Räumen, kein Radio dudelt, wie das früher bei den vielen stupiden Routinetätigkeiten üblich war. Hier und da verraten dafür unauffällige Ohrhörer den Kontakt zur unterhaltsamen Außenwelt. Selten hebt einer den Kopf und nimmt den Besucher wahr. Die Sitzordnung erinnert an Kirchengestühl – oder eine Galeere. Auffallend ist, dass diese Räson ganz unabhängig von der Architekturauffassung des Büros, sozusagen systemübergreifend praktiziert wird.

Trotz der Vorherrschaft der Computer wird auf Modellbau nicht verzichtet. Das bringt ein Moment kreativer Unordnung auf die Tische, man schneidet aus, faltet, sägt und klebt, es riecht nach Lösungsmittel. Manche dieser Miniaturbauten sind so groß, dass sie den Betrachter um mehrere Meter überragen. Einige erkennt man auf den ersten Blick, sie sind zum Superzeichen einer Stadt geworden wie Ingenhovens O_2-Gebäude am Mittleren Ring in München. Oder, nicht weit davon entfernt, die BMW-Welt von Coop Himmelb(l)au. Viele dieser Gebäude hat man schon in der Zeitung gesehen, den Stuttgarter Bahnhof, das Berliner Schloss – hier in den Büros stehen sie als friedliche Versuchsanordnung, als greifbare Idee, mit der sich die Bau-Welt verändern könnte.

REDEN ÜBER ARCHITEKTUR UND DIE WELT

Die Gespräche dauerten zwischen ein und zwei Stunden, einige sogar noch länger. Als Orientierung diente ein Leitfaden, der zusammen mit der Redaktion *Baumeister* aufgestellt worden war.
Wir fragten nach den Gründen für diese Berufswahl, wobei auch in Kindheitserinnerungen gekramt werden durfte.
Ferner wollten wir wissen, was eigentlich einen guten Architekten auszeichnet und welche Fähigkeiten man für diesen Beruf mitbringen sollte.
Außerdem fragten wir nach dem Image, das Architekten heutzutage besitzen, und wie sie den Hype um die sogenannten Stararchitekten sehen.
Vor allem interessierte uns der Prozess ihres Schaffens: Wie plant ein Architekt, was inspiriert ihn, und wo genau informiert er sich? Liest er Zeitschriften, surft er im Internet, reist er viel, geht er auf Messen? Wie verlaufen die unterschiedlichen Bauphasen, welche sind besonders strapaziös, und wie geht er mit Problemen um?
Was hindert ihn am meisten bei seiner Arbeit, ist es nur immer das enge Budget, oder sind es die desinteressierten anonymen Bauherren, die endlosen bürokratischen Vorschriften, wie es regelmäßig kolportiert wird – oder steht er sich manchmal selbst im Weg?
Wir wollten wissen, welche Selbstzweifel die Architekten plagen und wie sie gegen diese ankämpfen. Welchen Bezug haben sie zu ihren Häusern nach der Fertigstellung? Erleichterung, Stolz, Unsicherheit oder manchmal gar Distanz? Vielleicht sehen wir das von außen auch viel zu romantisch und professionelle Routine beherrscht den Job wie jeden anderen auch?
Schließlich warfen wir einen Blick in die Zukunft: Wohin entwickelt sich die Architektur, wie wird sich der Beruf „Architekt" verändern? Thema waren in dem Zusammenhang auch der Nachwuchs beziehungsweise die Hochschulen.
Unsere letzte Frage zielte auf die Visionen, Wünsche und Träume, die die Architekten noch haben.

BARKOW LEIBINGER ARCHITEKTEN

1 SPURENSICHERUNG

WIE ALLES BEGANN:
WARUM WIRD MAN ARCHITEKT?

BERUF UND/ODER BERUFUNG?

Worin sehen Architekten ihre Aufgabe? Diese Frage haben wir zwar nicht kategorisch gestellt, sie hätte die 33 Gespräche womöglich in weltanschauliche Untiefen geführt. Aber viele Architekten sprachen dennoch unvermeidlich über den Sinn und Unsinn ihres Berufs.

Die Leistungen eines Architekten beschreibt die HOAI, die Honorarordnung für Architekten und Ingenieure. Was sich dahinter an Voraussetzungen oder Herausforderungen verbirgt, beschäftigt die Berufsverbände seit Generationen. Es ist ein Nebeneinander von Kreativität und Sachzwängen, von gestalterischem Talent, technischen Kenntnissen und beinharter Ökonomie. Und jeder Architekt wird nach einiger Berufspraxis klagen, dass die Schwarzbrotthemen überwiegen, dass genehmigungsrechtliche Vorschriften, undurchsichtige Entscheidungen ignoranter Investoren und falsche Sparzwänge den Beruf oft bis zur Unerträglichkeit verändert hätten. Aber man erinnert sich auch an die Begeisterung eines Max Bächer, der zeitlebens die Profession des Architekten verteidigt hat. Es sei das universellste Studium, das zu einer Fülle unterschiedlicher Aufgaben befähige, weil es Verständnis für die gesamte Kultur unserer Lebensbewältigung biete.

Es muss also etwas geben, was den Architekten antreibt und vergewissert – gleich ob er Städte in China plant, gotische Kirchen rekonstruiert, Baugesuche genehmigt, Machbarkeitsstudien entwickelt, Armaturen entwirft, Schulen, Wohnhäuser, Fabriken oder doch nur Keller für Fertighäuser baut: Es ist etwas schwer Beschreibbares, Ureigenes, kaum Übertragbares, was ihn wenigstens eine Phase in seinem Beruf begleitet. Wir suchten einen passenden Oberbegriff für die Vielzahl der Äußerungen, mit denen Architekten ihre Aufgaben beschrieben haben. Wir fanden: Haltung trifft es am besten.

DIE GRETCHENFRAGE: WIE HAST DU'S MIT DER HALTUNG?

So vielschichtig die Meinungen zu dem Beruf auch sein mögen, in einer Hinsicht herrscht Einigkeit: Ein guter Architekt muss eine klare Haltung vertreten! Seine Haltung. Ohne sie mache man sich zum Sklaven der Bauherren, gebe seinen ethischen Anspruch auf und verrate Kollegen (wenn man deren konsequente Haltung durch opportunistisches Verhalten unterläuft).

Kritik sollte zwar gehört und Wünsche des Auftraggebers verstanden werden, dennoch sollte man Öffentlichkeit und Bauherren so geschickt wie überzeugend mit auf den Weg nehmen.

Glaubwürdig zur eigenen Haltung stehen ist vor allem in Konfliktsituationen wichtig, die sich in zunehmendem Maß mit den Bürgern ergeben. „Die Leute haben sehr lange geschwiegen", sagt JÓRUNN RAGNARSDÓTTIR. „Jetzt ist der Zeitpunkt erreicht, wo sie merken, sie können was bewegen und gehen deshalb auf die Straße. In den 60er und 70er Jahren war die BRD mit anderen Dingen beschäftigt. Jetzt haben wir eine große Anzahl an Bildungsbürgern, die ihren Beruf beendet haben, und ich finde es großartig, dass die ihre Energie in den öffentlichen Raum investieren. Unsere Aufgabe sehe ich in der sachlichen Information und in der Überzeugungsarbeit. Dieser Beruf ist ja nicht nur Broterwerb, sondern auch Leidenschaft, und das muss auch eine Leidenschaft bleiben!" Doch wie sieht diese Haltung aus? Mehr noch: Gibt es überhaupt *eine* Haltung?

Im Lauf der zahlreichen Gespräche gewinnt man den Eindruck, dass Architekten höchst unterschiedliche Haltungen pflegen. Eine passende Sprachregelung für eine bestimmte Haltung zu finden bzw. sie mit ein paar Sätzen zu vermitteln, ist kaum möglich. So erklären zum Beispiel einige Architekten, ihre Haltung bestehe in der Vermeidung von Wiederholungen. Und während sie sprechen, fällt der Blick auf die Bilderwand hinter ihnen. Dort sind zahlreiche Projekte zu sehen, die in ihren Fassaden zunächst sehr ähnlich wirken, ebenso, was Baukörper, Materialwahl oder Detaillierung betrifft. „Man erkennt bei Ihren Gebäuden aber auffallende Wiederholungen, oder besser gesagt, Ihre eindeutige Handschrift", gibt man den Architekten vorsichtig zu bedenken. „Ja, eine klare Handschrift bedeutet eine klare Haltung. Und

SPURENSICHERUNG

innerhalb dieser Haltung wiederum sollte man sich nicht wiederholen", lautet die rätselhafte Antwort.
Wie ist das zu verstehen? Welchen Zusammenhang gibt es zwischen der Haltung eines Architekten und ihrer Umsetzung in ein Gebäude?

„Unter berühmten Architekten ist die Behauptung Mode geworden, sie hätten keinen bestimmten Stil", erfahren wir von MEINRAD MORGER. „Ich halte das für eine ganz blöde Aussage, weil ich es ganz interessant finde, wenn man einen eigenen Stil hat. Man darf diesen Stil halt nur nicht als etwas Formales anschauen, sondern als Haltungsfrage. Das ist für mich interessanter. Heutzutage gibt es eine internationale Architektur, da weißt du nicht, von wem das ist, von Herzog & de Meuron, Zaha Hadid oder Frank Gehry. Die switchen alle in so einer Geschichte herum. Das finde ich uninteressant – für mich zumindest."

Der Tenor ist, die gerade aufgeführten Stars hätten nichts anderes getan, als eine gute Nische gefunden und diese erfolgreich ausgebaut zu haben – mit sich immer wiederholenden Elementen: „Das ist eher ein Marketingthema. Ich denke da an Herzog & de Meuron, die mit ihren Blechstrukturen, mit Fassaden angefangen haben. Die haben sich prächtig über Geometrien und Pattern nach vorne entwickelt. Oder Ungers, der hat sich geschworen, das Quadrat ist das Maß aller Dinge, und jetzt werden überall schwere Häuser gebaut mit quadratischen Fenstern. Oder Gehry, das Ding, was er jetzt neu baut in Abu Dhabi, sieht genauso aus wie das Guggenheim in Bilbao, nur größer. Das wäre mir zu langweilig. Ich suche immer neue Lösungen", sagt einer – und spricht für viele.

Man versucht im Gespräch Metaebenen und Überbegriffe auszumachen, um einen etwaigen gemeinsamen Nenner zu finden. Meinen Architekten doch Gleiches, Ähnliches, sprechen sie es nur anders aus? Möglicherweise gibt es sogar eine Art Eid des Hippokrates für Architekten?
Vielleicht brachte es MORGER am besten auf den Punkt: „Uns ist es wichtig, dass eine erklärbare Haltung, eine sichtbare Idee hinter den Arbeiten steht. Dass wir uns genau überlegen, warum wir das Gebäude so und nicht anders bauen." Bedeutet Haltung demnach eine Art Ich-steh-zu-meinem-Gebäude? Ich habe mir viele Gedanken darüber gemacht, das Resultat ist, subjektiv betrachtet, für mich das einzig richtige?

Wenn Architekten über Haltung sprechen, dann in folgenden Kategorien:

1. Rückbesinnung auf das Wesentliche, meinen die einen: Die Architektur und die alltäglichen menschlichen Belange in den Vordergrund stellen, sich für beides verantwortlich zeigen anstatt sich selbst – den Architekten – zu feiern. Die Zeit für unverwechselbare Entwürfe, für Häuser, die wie „Kühe auf der Wiese" stehen, sei vorbei. Diese Architekten verweisen „auf historische Vorbilder [für] eine neue Qualität städtischen Bauens", wie es Klaus Theo Brenner einmal zusammengefasst hat. Sie orientieren sich an einfachen Regeln.

2. Architektur sei als Vision und als kulturelle Textur zu betrachten, vertreten vehement die anderen. Ihre „Architektur muss brennen", sie fordern starke, selbstbewusste Formen, keine in vorauseilendem Gehorsam angepasste Häuser, sondern „merkbare Gebäude, die Identität schaffen", heißt es in den bekannten Aphorismen von WOLF PRIX. Sie sollen „wie der Knochen im Fleisch der Stadt" sichtbar sein, damit sich die Bewohner mit ihrer Umgebung identifizieren können.

3. Dritte wiederum beklagen, ein theoretisches Vakuum habe sich aufgetan, jeder glaubt, er habe Recht, was andere tun, sei falsch. Diese „neue Unübersichtlichkeit", wie es Jürgen Habermas 1985 als Schlagwort in die (fehlende) Diskussion geworfen hat, habe zu einer unpolitischen, postmodernen Beliebigkeit geführt. Der Architekt sei zum Visagist der Bauträger geworden, zum Dienstleister der Totalunternehmer.

4. Und ein Architekt, sich selbst als Stararchitekt bezeichnend, lehnt sich bei der Haltungsfrage gelassen zurück und meint, es gebe Platz für jede Auffassung, schließlich handele es sich doch nur bei vielleicht vier Prozent des gebauten Volumens um Architektur. Alles andere sei umbauter Raum von irgendwelchen Planvorlageberechtigten.

LIEBE POLIZEISCHÜLER, ANGEHÖRIGE DER BFE, AUSLANDSHUNDERTSCHAFTEN UND ZIVIL AGIERENDE PROVOKATEURE,
HELM AB, UND HINTERFRAGT UNSINNIG ANGEORDNETE GEWALTAKTIONEN, KNÜPPELEINSÄTZE UND TRÄNENGASATTACKEN GEGEN SCHÜLER, SENIOREN UND FRIEDLICHE DEMONSTRANTEN. SAGT NEIN ZU ANTIDEMOKRATISCHEN, GEGEN DAS GRUNDGESETZ GERICHTETE BEFEHLE DIE BLUT UND DEMÜTIGUNG ZUR FOLGE HABEN!
OBEN BLEIBEN FRIEDLICH BLEIBEN GESUND BLEIBEN
DANKE
POLIZEI
im Kino: Rambo V – die Abwahl. Das neue Baden-Württemberg.
Aus beidem das Beste!
27.03. MAPPUS, der Ministerpäsid...... .... End. Das neue Baden-Württemberg.
FDP
CDU
CSU
...daß mit diesem Mut, genau hinzuschauen und hinzustehen, schon das Menschengemaße selbst
Das Märchen von
Stuttgart 21plus
...oder können ein paar Notpflaster einen nackten Kaiser kleiden?
Kommt S21, werden wir alle zu Kellersch(w)aben!
STUTTGART 25.08.2010 NORDFLÜGEL 14:25
TAG X
STUTTGART 25.08.2010 NORDFLÜGEL
STUTTGART 30.09.2010
PARK
STUTTGART-TOWN 2010
STUTTGART 30.09.2010 DER TAG ALS GELD MEHR WERT HATTE ALS DIE GESUNDHEIT VON KINDERN
30.9. – Wir klagen an! Raus mit der Wahrheit!
Die christlichen Parteien moralisch verkommen!
Lug und Trug Gier Egoismus Machtmissbrauch Arroganz
wird toleriert und praktiziert!
S21 gegen die Mehrheit der Bevölkerung entschieden So nicht!
rived S 21
„Der Stuttgarter Schlossgarten ist alternativlos"
Im alten Griechenland hieß der gesellschaftlich Engagierte "Politis", der, der sich nicht engagierte "Idiotis".
Wir lassen uns nicht verarschen!
flügel.tv
Stuttgart 21
Stuttgart

JÓRUNN RAGNARSDÓTTIR

„DIESER BERUF IST JA NICHT NUR BROTERWERB,
SONDERN AUCH LEIDENSCHAFT, UND DAS MUSS AUCH
EINE LEIDENSCHAFT BLEIBEN!"

SPURENSICHERUNG

DIE VERANTWORTUNG DES ARCHITEKTEN.
SENSIBILITÄT FÜR MENSCHEN UND ORT

Dennoch lassen sich die unterschiedlichen Überzeugungen nicht trennscharf am Türschild des Büros ablesen. Trotz einiger cholerischer Temperamente, was den regelmäßigen Podiumsdiskussionen bisweilen kabarettistische Momente schenkt, gibt es keine Gotteskrieger in der Architektur, die die Kollegen mit Feuer und Schwert bedrohen. Zu viele Anlässe (wie Wettbewerbe und Berufungen) verlangen, dass man mit den Andersgläubigen wenigstens geschäftsmäßig umgeht.

„Neben der Kompetenz zum Bauen", meint JÜRGEN BÖGE, „benötigt man eine starke ethische Position beim Bauen, eine Nähe zum Leben. Das ist eine wichtige Beurteilung für die Qualität von Architektur. Bauen ist Ausdruck menschlichen Lebens, wir arbeiten ja nicht zweckfrei. Wir verändern und manipulieren.
Ich bin immer wieder berührt, wenn wir etwas bauen dürfen, weil uns ein Stück dieser Erde anvertraut wird, das wir neu definieren dürfen. Dafür braucht man Verantwortungsbewusstsein und eine Haltung. Man muss dieses Stück Erde hinterher schöner verlassen als man es vorgefunden hat."
Zu dieser Verantwortung bzw. Haltung gehört für viele Architekten (nicht für alle, wie wir später sehen werden), sich selbst in der Bedeutung zurückzunehmen. Dabei kritisieren sie jene Kollegen, die sich durch überzogene, unangepasste Architektur ein Denkmal setzen, wie es viele der sogenannten Stararchitekten tun. In den Vordergrund rücken sollte stattdessen eine unaufdringliche, für den Menschen und den Ort angemessene Architektur.
So vertritt GUNTER HENN beispielsweise die Auffassung: „Architektur erfüllt auch dann ihre Aufgabe, wenn sie nur unbewusst wahrgenommen wird und nicht ständig sagt: Hier bin ich!"
Sie repräsentiert also eine gewisse bleibende Baukultur. „Schließlich sollten Architekten für sich beanspruchen, Baudenkmäler zu bauen, weil diese Generation ansonsten keine Spuren hinterlässt – oder nur verbrannte Erde", vertritt WOLF-ECKART LÜPS. Doch wann wird ein Gebäude zu einem Denkmal? „Dann, wenn es in der öffentlichen Wertschätzung so gewachsen ist, dass es unerschütterlich ist", erklärt Lüps.

Zurückhaltung, dennoch einen hohen Anspruch erfüllen, darüber sinniert auch ADRIAN MEYER „Was ist eigentlich unsere Bestimmung?" fragt er und gibt die Antwort: „Wir sollten die Kompetenz haben, mit Körper und Raum umzugehen." Und er fordert, sich an hochwertiger Durchschnittlichkeit zu orientieren – was mangels Interesse in den Medien, die lieber das Sensationelle suchten, nicht einfach sei, zumal Architekten durchaus zu einer gewissen Eitelkeit neigen. Meyer nimmt sich dabei übrigens nicht aus.
PETRA und PAUL KAHLFELDT resümieren: „Wenn Architekten meinen, sie erfänden sich oder Gebäude immer wieder neu, dann ist das doch aufgesetzt, denn der Entwurf hat etwas Überindividuelles und dient letztlich der Allgemeinheit." Zudem sei ein sich ständig Neuerfinden das Einfachste in der Architektur. Wesentlich schwieriger sei es, sich nicht von den vielen Bildern und Magazinen verleiten zu lassen und stattdessen zur eigenen Haltung zu stehen. Paul Kahlfeldt fügt hinzu: „Das fällt mir sehr schwer, das muss ich ehrlich sagen, weil man immer wieder denkt: Komm, musst auch mal was Originelles machen. Aber letztlich geht es immer um Qualität – und das hat auch was mit einer gewissen Demut zu tun. Damit, was ich vorfinde. Es muss angemessen sein. Das ist das Entscheidende, was mich interessiert."

„Es ist nicht die Aufgabe eines Architekten, eine Sprache neu zu erfinden, wenn er baut. Vielmehr gibt es eine Architektursprache, die mit uns kommuniziert", fährt seine Frau fort. „Gebäude kommunizieren mit uns, und es ist Aufgabe eines Architekten, diese Sprache auch zu lernen. Das geschieht über Typologien, über Konstruktion und über Materialgebrauch. Und dann muss man das auch so einsetzen, dass die Menschen das verstehen können." PAUL KAHLFELDT schließt das Thema mit Bestimmtheit ab: „Architektur ist nämlich ganz einfach. Es geht darum, Räume zu machen. Und das grundsätzliche Prinzip ist: Die Last wird auf die Erde senkrecht, linear im rechten Winkel auf den Erdmittelpunkt abgetragen. Ob man will oder nicht. Wenn ein Kunstwerk dabei herauskommt, dann ist es gut. Punkt."

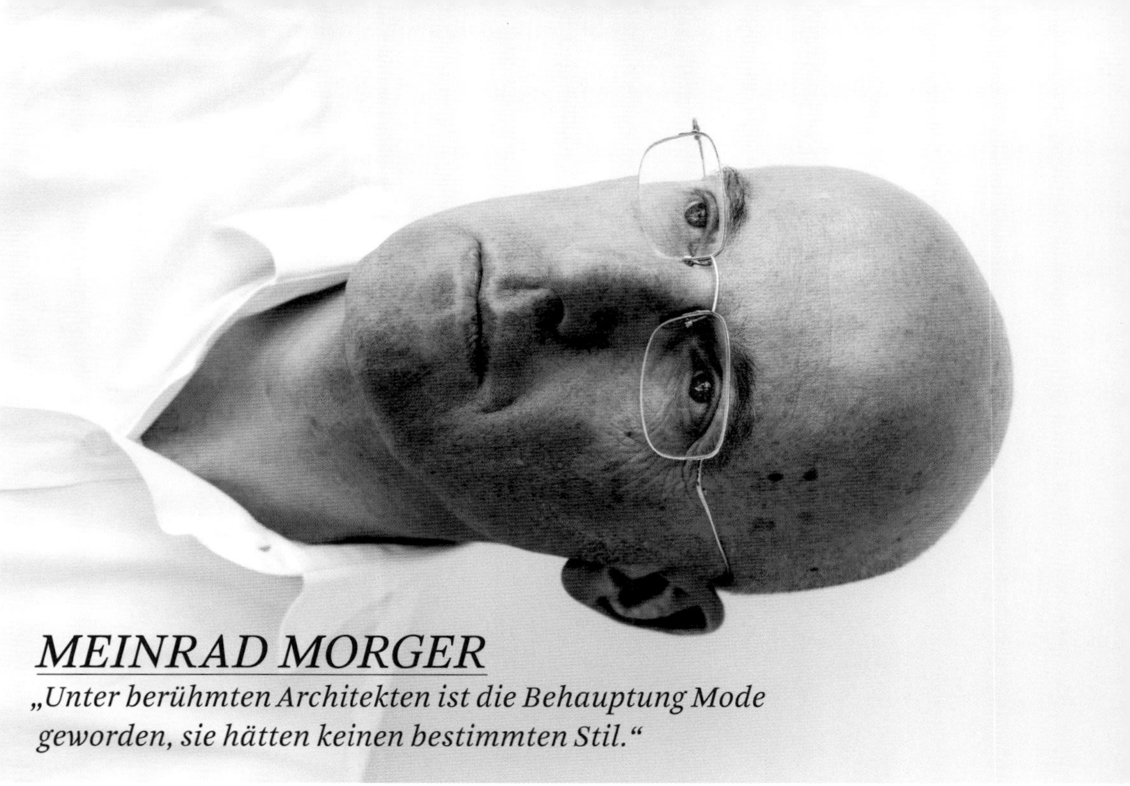

MEINRAD MORGER
„Unter berühmten Architekten ist die Behauptung Mode geworden, sie hätten keinen bestimmten Stil."

ADRIAN MEYER
„Wir sollten die Kompetenz haben, mit Körper und Raum umzugehen."

ATELIER LÜPS
„Schließlich sollten Architekten für sich beanspruchen, Baudenkmäler zu bauen, weil diese Generation ansonsten keine Spuren hinterlässt – oder nur verbrannte Erde." (Wolf-Eckart Lüps)

GUNTER HENN
„Architektur erfüllt auch dann ihre Aufgabe, wenn sie nur unbewusst wahrgenommen wird und nicht ständig sagt: Hier bin ich!"

PETRA UND PAUL KAHLFELDT

SPURENSICHERUNG

ZWISCHEN WISSENSCHAFT UND SPEKULATION: DIE WIRKUNG VON RÄUMEN

Ungeachtet der anspruchsvollen, verborgenen Theorien, warum etwas gerade so und nicht anders gebaut ist, wird Architektur unmittelbar von jedem erlebt. Und es wird dazu keine Gebrauchsanweisung mitgegeben. Wir fühlen uns in dem Gebauten wohl oder unwohl. Betreten wir ein neues Gebäude, wird unsere Neugierde durch die Anmutung der Räume und Abfolge der Wege geweckt – wir wollen mehr sehen. Oder wir verharren desinteressiert an einer Stelle und machen dann schnell kehrt. Wir sprechen in diesen Gebäuden, oder wir bleiben still. Ein Experiment, das an der Forschungsstelle für Humanethologie durchgeführt wurde, ergab: Je nach räumlichem Umfeld, das in diesem Fall aus ständig wechselnden Tapeten bestand, zeigten sich Versuchsteilnehmer entweder kommunikativ oder schwiegen sich an.

Die Herausforderung besteht darin, die sozialen Bedürfnisse der Menschen intensiv zu erforschen, zu reflektieren und in Architektur zu übertragen. Eine Leistung, die in keiner Honorarordnung vergütet wird. Die fortwährende Auseinandersetzung damit macht den Unterschied zwischen engagierter Architektur und rein kommerziellen, anonymen Baufertigstellungen. Gebäude und Räume sollten herrschenden Lebensformen entsprechen und auf gesellschaftliche Phänomene reagieren. GRAFT ARCHITEKTEN betrachten es als ihre Aufgabe, Objekte zu schaffen, die auf ihre Nutzer eine positive Wirkung ausüben. Menschen sollen sich in ihrem architektonischen Umfeld wohlfühlen, dort kommunizieren, kreativ und produktiv sein. Dabei wirkt, sagen die KAHLFELDTS, etwas Grundsätzliches: „Menschen reagieren weltweit in ähnlicher Weise auf ihre Räume. Wir meinen, wir Menschen fühlen uns immer in nahezu den gleichen Räumen gut, egal wo man sich auf der Welt befindet."

„ARCHITEKTUR IST NÄMLICH GANZ EINFACH. ES GEHT DARUM, RÄUME ZU MACHEN. UND DAS GRUNDSÄTZLICHE PRINZIP IST: DIE LAST WIRD AUF DIE ERDE SENKRECHT, LINEAR IM RECHTEN WINKEL AUF DEN ERDMITTELPUNKT ABGETRAGEN. OB MAN WILL ODER NICHT. WENN EIN KUNSTWERK DABEI HERAUSKOMMT, DANN IST ES GUT. PUNKT."
(Paul Kahlfeldt)

Hier berührt die Architektur das weite Feld der Psychologie und der Verhaltensforschung (Ethologie). Die Bedeutung der Architektur als autonomer Instanz oder unbestimmter Umschließung führte 1980 nach einer heftigen Diskussion zwischen Günter Behnisch und Oswald Mathias Ungers zu einer Art Stellungskrieg in der Architekturtheorie. Unabhängig davon hat die Wirkung gebauter Räume, vor allem bei Krankenhäusern, Schulbauten oder Büroarbeitsplätzen, wo ein besonders großes Interesse am Wohlbefinden des Menschen bzw. dessen Leistungssteigerung besteht, die Verhaltensforscher regelmäßig animiert. In anthroposophischer Umgebung orientiert man sich dagegen an den esoterischen Mitteilungen von Rudolf Steiner über unsere ätherische und astralische Leib-Organisation. Dies entzieht sich unserem weltlichen Denken, wenngleich in dieser Auffassung arbeitenden Architekten bisweilen wunderbare organische Raumschöpfungen gelungen sind.

Viel mehr als durch die Erkenntnisse der Gestaltpsychologen haben sich Architekten durch die Raumtheorien der Philosophen buchstabiert. Besonders fündig wurden sie bei Otto Friedrich Bollnow, Dom Hans van der Laan, Gernot Böhme und Wolfgang Meisenheimer. Dort lässt sich für jeden fragilen Entwurf eine stabile Herleitung finden. Jan Pieper hat es in seiner umstrittenen Kritik zum Mercedes-Benz-Museum in Stuttgart so erklärt: Die Wahrnehmung von Architektur ist nur möglich, weil sie sich in einem „System aus kulturell Gewordenem und anthropologisch Gegebenem" ereignet. Entsprechend skeptisch betrachtet er avantgardistische Raumschöpfungen, die den „Sinn für Perpendikel und Wasserwaage" (Goethe) vermissen lassen.

MEINRAD MORGER formuliert sein Credo wie folgt: „Es gibt Architekten, die Vordenker sind von neuen Errungenschaften und Erkenntnissen, die für die Gesellschaft adäquat sind. Es ist schon eine geistige Leistung, wenn man Strategien für die Gesellschaft von morgen entwickelt. Dabei wollen wir nicht nur mit den Grundlagen von gestern operieren – wir bauen für die heutige Gesellschaft, die vielfältiger ist als vor hundert Jahren. Wir möchten, dass unsere Architektur eine Reflexion unserer 2000-jährigen Architekturkultur, aber auch eine Reflexion der heutigen Zeit ist. Daraus abgeleitet impliziert unsere Architektur eine datierbare Zeitlosigkeit."

SPURENSICHERUNG

Wie wird unser Leben in Zukunft aussehen? Wo und wie werden wir leben? Wie gehen wir mit der alternden Gesellschaft um? Es sind Fragen, denen sich Architekten stellen müssen und wollen.

Für WOLF PRIX, er ist bekanntlich kein Vertreter einer angepassten, unauffälligen Bauweise, stehen die zukünftigen gesellschaftlichen Lebensformen im Mittelpunkt. Er beklagt die mangelnde Bereitschaft seiner Kollegen, ausreichend über diese Wandlungen zu reflektieren und die Architektur daran entsprechend auszurichten. „Wie werden die Menschen leben, was ist der ‚best and worst case'? Und wie können wir Architekten zu dieser Entwicklung unseren Beitrag leisten? In welcher Richtung auch immer. Ein Architekt baut schließlich nicht nur ein Haus, sondern nimmt Bezug auf eine Lebensformstrategie: Wir formen Leben, und schlimmstenfalls verhindern wir es."

Viele Architekten hätten ihre Visionen verloren und den äußerlichen Zwang verinnerlicht, beklagt PRIX, „und es tut weh, dass sie das schön finden müssen, was sie zu bauen haben. Das kann nicht unser Lebensziel sein. Früher hieß es in der Architektur ‚bigger than life', heute heißt es ‚smaller than life'. Unsere Aufgabe ist nicht, ein Hans Dampf in allen Gassen zu sein. Es geht doch vielmehr darum – wie der Name Planung schon sagt –, dass man Ahnung von zukünftigen Entwicklungen hat. Das ist das Vornehmste an dem Beruf. Oder anders gesagt: Wir sind dazu da, den Turm von Babel weiterzubauen. Das ist die vornehme Aufgabe des Architekten. Und nicht auf allen Ebenen Geschäfte zu machen!"

Auch MARKUS ALLMANN sucht diesen Weitblick: „Architektur hat nur dann eine Qualität, wenn sie eine gesellschaftliche Relevanz bekommt. Es muss ein Dialog zwischen Gebäude und Betrachter entstehen. Ein Gebäude sollte sich über die Jahre hinweg behaupten und eine gewisse Bedeutung erlangen. Dies wird nur gelingen, wenn sich seine architektonische Position auf grundsätzliche, gesellschaftliche Phänomene und Bedürfnisse bezieht. Architektur ist daher kein Entwickeln eines Formenrepertoires. Wir sind ein Büro, das relativ lange analysiert und formale und funktionale Vorgaben immer wieder infrage stellt – die entstehende Form ist das Resultat dieses Diskurses."

„MENSCHEN REAGIEREN WELTWEIT IN ÄHNLICHER WEISE AUF IHRE RÄUME. WIR MEINEN, WIR MENSCHEN FÜHLEN UNS IMMER IN NAHEZU DEN GLEICHEN RÄUMEN GUT, EGAL WO MAN SICH AUF DER WELT BEFINDET."
(GRAFT Architekten)

GUNTER HENN will seine Häuser und Räume auf die komplexen Abläufe einer Gemeinschaft beziehen. Der Architekt habe einen wesentlichen gesellschaftlichen Beitrag beizutragen, denn Architektur produziere Gemeinschaften.
„Die Architektur gibt uns Hinweise, wie wir uns im Idealfall verhalten könnten. Das Gebäude, die Raumkonfiguration, die Raumorganisation schlagen in hohem Maße vor, wie wir uns bewegen, wie wir uns begegnen und welche Wahrnehmungen wir haben." Henn fasziniert das zunächst Unsichtbare: Wie entsteht Kommunikation, wie kann dabei zum Beispiel neues Wissen entstehen?

Die Theorie, die vor der Entstehung eines Gebäudes in den Köpfen der Architekten umherschwirrt, wird immer komplexer und ist für einen Außenstehenden zunächst kaum nachzuvollziehen. Architektur wird zur Philosophie, zur Psychologie, oder wie sagt MEINRAD MORGER: „Gedankenbauen ist nicht weit weg vom Gebäudedenken. Architektur ist Denken. Die Gedanken werden aufs Papier übertragen ... und nicht umgekehrt. In der Architektur sind auch immer geistige Überlegungen eingelagert, kulturelle, aber auch gesellschaftspolitische. Architekturen sind aber auch philosophische Gedankengebäude (Haus Wittgenstein)."

Dieses Architekturmanifest Haus Wittgenstein steht in der Kundmanngasse in Wien. Es ist ein weißes, zeitlos modern wirkendes Haus, mit strengen geometrischen Linien ohne jegliche Schnörkel und Auffälligkeiten, 1926 erbaut in Kooperation des Architekten Paul Engelmann mit dem Philosophen Ludwig Wittgenstein. Letzerer war für den Innenausbau verantwortlich. Allerdings ist die gesamte Planung von der poetischen Auffassung eines Architekturamateurs geprägt. Für ihn wurde die zwangsläufige Korrespondenz von Grundriss und Fassade zum Paradoxon, ausgelöst durch die Materialstärke der Konstruktion, die keine gleichzeitige

GRAFT ARCHITEKTEN

WOLF PRIX

„WIR SIND DAZU DA, DEN TURM VON BABEL WEITERZUBAUEN. DAS IST DIE VORNEHME AUFGABE DES ARCHITEKTEN. UND NICHT AUF ALLEN EBENEN GESCHÄFTE ZU MACHEN!"

MARKUS ALLMANN

„ARCHITEKTUR HAT NUR DANN EINE QUALITÄT, WENN SIE EINE GESELLSCHAFTLICHE RELEVANZ BEKOMMT. ES MUSS EIN DIALOG ZWISCHEN GEBÄUDE UND BETRACHTER ENTSTEHEN."

J. MAYER H.

*„ICH SEHE UNSERE ARBEITEN NICHT UNBE-
DINGT ALS LÖSUNGEN FÜR BESTIMMTE ORTE,
SONDERN ALS FRAGESTELLUNGEN. JEDES
PROJEKT IST EINE SUCHE, WO ES HINGEHT."*
(Jürgen Mayer H.)

innere und äußere Symmetrie erlaubt. Wittgenstein hat eine Art dorischen Eckkonflikt in die Gegenwart geholt. „Die Arbeit an der Philosophie ist – wie vielfach die Arbeit in der Architektur – eigentlich mehr die/eine Arbeit an einem selbst. An der eigenen Auffassung. Daran, wie man die Dinge sieht (und was man von ihnen verlangt)", hatte der Philosoph postuliert.

Ist Architektur also doch zunächst eine Art Selbstverwirklichung der Architekten?

Nein, es käme ganz drauf an, was man als Architekt wirklich wolle – welche Haltung man in sich trage, meint **MORGER**. „Es gibt ja viele Investorenarchitekten, die viel bauen. Da stehen maximale Rentabilität, minimale Investition, minimaler Unterhalt, minimale konstruktive Risiken und kulturelles Desinteresse ganz im Vordergrund. Ein architektonischer Qualitätsanspruch besteht kaum. Außer vielleicht für eine modische Fassadenoberfläche."

ÜBER SIEBEN BRÜCKEN MUSST DU GEH'N: ARCHITEKTUR ALS GEBAUTE VISION

WOLFGANG TSCHAPELLERS Büro in Wien ist ausgestattet mit Gebilden und Objekten, die auf den ersten Blick kaum ahnen lassen, ob es sich um Kunstwerke, Skulpturen oder Gebäudemodelle handelt: ungewöhnlich, skurril, kunstvoll und vollkommen anders als eine „gewöhnliche" Vorstellung, die man von einem Haus hat.

„Es kommt darauf an, wie man Architektur sieht", erklärt **TSCHAPELLER**, „sie kann eine Art Auftrags- und Erfüllungssystem sein oder ein dynamischer Prozess, der sich auch von Auftraggebern und Nutzern emanzipieren und bis zu einem gewissen Grad verselbständigen kann. Manchmal fordert Architektur Nutzer und Produzenten heraus." Das kritische Potenzial von Architektur werde zu wenig genutzt, Tschapeller spricht in diesem Zusammenhang von „oberflächlichen Erotika". „Wir beschäftigen uns teilweise mit Inhalten, die bereits 1995 und früher in Projekten thematisiert wurden. Diese Inhalte begleiten uns weiterhin, sie werden variiert und in neue Zusammenhänge eingebracht. Es ist dies die Auffassung einer Forschungsarbeit. Bei Gebäuden handelt es sich um Überlagerungen verschiedener Biografien: Biografien der Auftraggeber, der Architekten und der Orte. Gemessen an der vielschichtigen Bedeutung, die Gebäude dadurch innehaben, wird zu leichtfertig mit ihnen umgegangen."

Und er fährt fort: „Unser Büro wurde einmal als eines beschrieben, das mehr machen will als Architektur. Das muss ich zurechtrücken, ich denke, wir versuchen, *nur* Architektur zu machen. Das ist unsere wesentliche Position. Wenn wir Architektur als eine kulturelle Textur verstehen, so gehen wir in unserer Arbeit über dieses essentielle Aufgabenfeld nicht hinaus. Wohl kann Architektur Bedürfnisse und Funktionen erfüllen, aber – und das ist viel wesentlicher – Architektur ist eine kulturelle Schrift, wie Literatur, Musik oder Bildende Kunst."

JÜRGEN MAYER H. versteht Architektur als Vision, die Grenzen aufbrechen will. „Ich sehe unsere Arbeiten nicht unbedingt als Lösungen für bestimmte Orte, sondern als Fragestellungen. Jedes Projekt ist eine Suche, wo es hingeht." Rhetorisch auf der Höhe der Zeit verschiebt er die Bedeutung der Architektur vom Festgefügten auf die fragile Beziehungsebene des performativen Verhältnisses von Subjekt und Raum. „Spatial Turn" sagen andere und meinen, dass sich Werte und Handlungen verlagern können – als Hintergrund für Improvisationen. Die Architektur wird zur Bühne, die zur Aneignung auffordert, eine Art legitime Hausbesetzung.

FEINDE RINGSUM. DIE GRENZEN DER VISIONEN

Die Fähigkeit, Visionen zu entwickeln, seiner Zeit in Gedanken voraus zu sein, sie dann auch umzusetzen, ist mutig. Doch das ist eine Grundvoraussetzung des Planens, was ja nichts anderes als die gedankliche (oder zeichnerische) Vorwegnahme von Handlungen oder Zuständen bedeutet. Eine Vision ist für einen Architekten also keine somnambule Eingebung, sondern eine Leistungsbeschreibung: Er stellt sich etwas Wünschenswertes vor, das es noch nicht gibt. Die Erwartungen des Publikums können davon allerdings abweichen. Und natürlich kann sich der Architekt irren, in eine falsche Richtung denken oder mit seinen Visionen provozieren, vor allem dann, wenn sie große Veränderungen

SPURENSICHERUNG

bewirken. Architekten, die etwas wagen, stehen nicht selten vor großen Widerständen.

Man hört es bald auf jeder Tagung der Berufsverbände: In Deutschland herrsche eine Angstkultur, als Architekt fürchte man ständig, etwas falsch zu machen. Hierzulande werde nichts riskiert: „Das fängt schon mit der Fehlbesetzung der Wettbewerbsjurys an, setzt sich fort mit mangelndem Mut bei der Bauherrschaft, und zum Schluss ist eine langweilige Box immer das, worauf man sich einigen kann – der kleinst mögliche gemeinsame Nenner", ärgert sich ein Betroffener, der anonym den Anwalt der Kollegen spielt.

„Es war schon immer schwer für gute Architektur", sagt REGINA SCHINEIS. „Die Situation hat sich aus meiner Sicht im Vergleich zu den Aufbruchstimmungen am Bauhaus zum Beispiel dahingehend verändert, dass die Gesellschaft auf einem Sicherheitsrückzug ist. Und dies ist sichtbar in der Sehnsucht der ‚Häuslebauer': alles aus Stein, am besten toskanisch. Dem widersetzen wir uns. Ich finde, es ist unsere Aufgabe, nach vorne zu schauen und innovativ zu sein, neue Materialien mit neuen Anforderungen zu kombinieren, anders zu denken. Mit Mut entsteht Neues."

„Im Vergleich zur Automobilindustrie sind wir altmodische Maßschneider, die sich jedes Mal wieder überlegen, wie ein Anzug aussehen könnte. Und die Häuser kosten dann auch so viel – nur sind sie nicht so perfekt wie ein teurer Maßanzug –, weil das Handwerk nicht mehr beherrscht wird. Dies gilt auch für die hingepfuschte architektonische ‚Konfektionsware'", pflichtet MUCK PETZET bei.

WIE WIRD EINE ARCHITEKTUR-HALTUNG UMGESETZT?

Gebäude sollen mit dem Menschen in eine Art Dialog treten, sagen die Architekten. Doch nicht nur das, sie sollen unser Fühlen, Denken und Handeln positiv beeinflussen.

ARCHITEKTUR LESEN? ODER SPÜREN?

Nach einigen Gesprächen konnte es nicht ausbleiben, dass man die eigene Wahrnehmung von Gebäuden und Räumen intensiver, analytischer, sensibler verfolgte und fast misstrauisch überlegte, welche Emotionen dabei geweckt werden – jenseits der subjektiven Kategorie „Das finde ich schön bzw. nicht schön".

Der Proband fragte sich, wo fühle ich mich wohl, wo nicht – und was könnten die Gründe dafür sein. Er versuchte, sich in Architekten hineinzuversetzen: Welche Überlegungen könnten sie dazu getrieben haben, ein Haus so zu bauen, wie ich es sehe und wahrnehme?

Nicht falsch, sozusagen im Selbstversuch ein paar Ortsbegehungen vorzunehmen, zunächst dorthin, wo Wohlfühlen das wesentliche Ziel der Architektur sein sollte: in eine sogenannte Wellness-Oase, die Therme von Bad Aibling, entworfen von BEHNISCH ARCHITEKTEN.

Auf der Internetseite verspricht der Ort Traumhaftes: „Vergessen Sie die Welt um sich herum und lassen Sie Ihre Sinne von der einmaligen Vielfalt der Möglichkeiten der Therme Bad Aibling verzaubern. [...] Aus sprudelnder Quelle, eingebettet in die faszinierende Architektur eines Kuppelbads. Mal aktiv, anregend bewegend, mal ruhig zu den betörenden Klängen sphärischer Unterwassermusik. Ihre Entdeckungsreise durch die Thermen- und Saunalandschaft der Therme Bad Aibling wird begleitet von vielerlei Licht-, Farb-, Duft- und Klangerlebnissen, die Körper, Seele und Geist beflügeln. Entdecken Sie Ihren ganz persönlichen Wohlfühl- und Wellnesstag." Soweit die Marketing-Lyrik.

Die Badeanlage ist auf schöne Weise unübersichtlich, und genau das macht sie spannend. Sie weckt Neugierde und schickt den Besucher auf Entdeckungsreise. Er sieht weiche Formen, regelmäßige Rundungen, warme beruhigende Farben. In den Saunen verführt ein Spiel von Licht und Schatten. Auch die anderen neuen Thermalbäder eignen sich hervorragend, um der Architektur nachzuspüren. Man ist ihr hier irgendwie schutzlos ausgeliefert, spürt ihre Ord-

„IM VERGLEICH ZUR AUTOMOBILINDUSTRIE SIND WIR ALTMODISCHE MASSSCHNEIDER, DIE SICH JEDES MAL WIEDER ÜBERLEGEN, WIE EIN ANZUG AUSSEHEN KÖNNTE. UND DIE HÄUSER KOSTEN DANN AUCH SO VIEL – NUR SIND SIE NICHT SO PERFEKT WIE EIN TEURER MASSANZUG –, WEIL DAS HANDWERK NICHT MEHR BEHERRSCHT WIRD. DIES GILT AUCH FÜR DIE HINGEPFUSCHTE ARCHITEKTONISCHE ‚KONFEKTIONSWARE'."
(Muck Petzet)

MUCK PETZET

nung und das, was sie räumlich transportiert: Licht, Wärme, Geräusche, Farben. Peter Zumthors Felsentherme in Vals, die Tamina-Therme in Bad Ragaz von Joseph Smolenicky oder die Therme in Meran von Matteo Thun lassen Architektur als Gesamtkunstwerk erleben, Baugeschichte zwischen höhlennaher Innerlichkeit und heller Aufklärung. Daneben bieten die unterschiedlichen Badehallen der Stuttgarter 4A ARCHITEKTEN fragile gläserne Raumumschreibungen, die aus der Natur scheinbar einen zufälligen Ausschnitt neu definieren. Man ist zwar im Innenraum, aber die Architektur soll das möglichst überspielen. Der Badegast soll in eine andere Sphäre eintauchen.

Setzen die Architekten auf solche Emotionen, wenn sie ein Gebäude planen und bauen? Und wie erfolgreich sind sie dabei? Wie gut können und wollen die Menschen Architektur lesen? Nicht alle stimmen diesem Exkursionsangebot in eine sinnlichere Wirklichkeit zu. „Die sogenannte moderne Architektur hat in vielen Bereichen die Emotionalität der Menschen nicht erreicht. Es geht oftmals um eine Architektur, die ständig etwas fordert und damit überfordert, weil sie sich nicht aus ihrer Abstraktion löst und immer auch Kunst sein will. Das ist ein Problem, dass sich die Architekten oftmals nicht überlegt haben: Erreiche ich eigentlich die Menschen noch? Oder bin ich schon so abgehoben, dass man sämtliche Enigmas entschlüsseln muss, um mein Genie zu erkennen? Das ist ein falscher Zugang", beschreibt ADRIAN MEYER das Problem.

Und PAUL KAHLFELDT resigniert: „Zwischen Design und Architektur kann man nicht mehr unterscheiden, das verschwimmt immer mehr. Ich weiß nicht mehr, stehe ich vor einem Haus oder vor einer Skulptur?"

GLAUBENS- UND ÜBERLEBENSFRAGEN: ARCHITEKTUR OHNE SEELE, NUR NOCH SCHNELLE HÜLLEN?

98 Prozent der Häuser, die gebaut werden, hätten nichts mit Architektur zu tun, davon ist PAUL KAHLFELDT überzeugt. Dies ist allerdings eine subjektiv gefühlte Zahl. Wenn man den Leistungsumfang von Freien Architekten und anonymen Planungsfirmen – falls dies den Qualitätsunterschied ausmacht – ermitteln möchte, wird man nicht einmal in den Statistiken der Architektenkammer fündig. Lediglich die Aufträge für Einfamilienhäuser gehen überwiegend an den Freien Architekten vorbei.

„WIR WAREN WOHL DIE LETZTE GENERATION, DIE NOCH OHNE COMPUTER GEZEICHNET HAT."
(Anton Nachbaur)

Nach dem Krieg wurde die wesentliche Rolle des Architekten immer weiter ausgehöhlt. In den 50er und 60er Jahren hatte sich das Bauen noch an den nahe liegenden menschlichen Bedürfnissen orientiert – eine entsprechende Gestaltung entsprach dem Berufsethos. Dies ist in den Bauboomjahren vollkommen verloren gegangen. „Bauwirtschaftsfunktionalismus" nannte Heinrich Klotz, Gründer und erster Direktor des Deutschen Architekturmuseums in Frankfurt, diese Entwicklung.

ANTON NACHBAUR glaubt, ein Grund für diesen enormen Verlust liege in der medialen, virtuellen Aufbereitung der Bilder. Damit täusche man (sich) etwas vor. Selbst der, der sie produziert. „Wir waren wohl die letzte Generation, die noch ohne Computer gezeichnet hat", sagt er und zitiert einen seiner Assistenten, der einmal folgenden Vergleich gezogen hatte: „Zuerst hat es Blumen gegeben, dann hat man Plastikblumen gemacht, und die waren so hässlich, dass kein Mensch sie wollte. Daraufhin hat man die Plastikblumen derart perfektioniert, bis sie schöner waren als die richtigen Blumen, und dann hat man Blumen gezüchtet, die aussehen wie Plastikblumen. Auf die Architektur bezogen heißt das: Teilweise baut man heute Bilder, die architektonische Qualität, die Symbiose von Nutzung, Form und Gestalt ist eigentlich nur noch Fassade und nicht mehr Inhalt. Und das, was früher einmal war, dass die Fassade, das Äußere, auch den Inhalt widerspiegelt, und die Stimmigkeit, dass das ein Gesamtkonzept ist, das da zusammenspielt, geht dabei verloren. Das hängt natürlich auch mit den Bauaufgaben zusammen, die sind leider oft so: Ein Investor kommt und sagt, Einkaufszentrum, 10000 Quadratmeter Einkaufsfläche, 6000 Quadratmeter Büro ... usw. Er hat aber zu dem Zeitpunkt keine Ahnung, was da für Geschäfte reinkommen, wer da als Büromieter einzieht, sondern es werden nur Flächen bestellt. Im Prinzip bleibt dem Architekten nichts anderes übrig, als Fassaden zu bauen. Das hängt folglich mit den Bauaufgaben zusammen, dass man Flächen mit Hülle produziert, und innen aber keine Seele ist."

MUCH UNTERTRIFALLER bemerkt diesen Negativtrend schon an den Hochschulen und bedauert, dass in der Ausbildung zu wenig Rücksicht auf den Inhalt genommen werde, stattdessen würde man die Studenten dazu animieren, leere Bilder zu produzieren. „Das setzt sich später in den Büros fort: Die denken nur an die Hüllen und packen den Inhalt später rein. Mit Fotos kann man viel manipulieren, mit Renderings noch mehr. Und wenn man dann an Ort und Stelle steht, ist das enttäuschend, wenn man sieht, was sich hinter den Fassaden für plumpe und sinnlose Innenräume verbergen."

MEINRAD MORGER schließt mit seiner Kritik an: „Ich kann das nur aus meiner persönlichen Sicht beantworten. Ich kämpfe für eine andere Architekturkultur. Eine Architektur der Zurückhaltung, eine Architektur, die ihre räumliche Kraft, ihre architektonische Ausstrahlung und soziale Verantwortung aus einer in sich zusammenhängenden Bearbeitung der einwirkenden Teile schöpft. Eines soll klar und verständlich sein: Wir Architekten sind grundsätzlich keine Dienstleister. Wir sind Autoren. Alle sind Autoren, Kulturschaffende. Nicht nur die Stararchitekten. Um diese Autorenschaft langfristig zu schützen, brauchen wir ein gesichertes Urheberrecht. Um dieses zu sichern, müssen wir unseren Einfluss in unserer Gesellschaft, bei den Politikern, bei den Gesetzgebern geltend machen."

WIE ALLES BEGANN: WARUM WURDEN SIE ARCHITEKTEN?

Fragt man einen berühmten Künstler, sei es einen Schauspieler, Dichter, Maler oder Musiker nach seinem Werdegang, gewinnt man häufig den Eindruck, dass er vom Kindesalter an schnurgerade vorgezeichnet schien. Die Sängerin trällerte schon als Kind gern Lieder, der Schauspieler brillierte im Schülertheater, und der Designer zeigte sich im Kunstunterricht auffällig talentiert.

Doch wie steht es um die kindlichen Begabungen und Neigungen der Architekten? War ihnen dieser Beruf von früh an in irgendeiner Form vorgezeichnet?

Es ist eine Frage, auf die alle 33 Architekten eine prompte Antwort wussten. Ohne lange nachzudenken, schien jedem klar zu sein, warum er/sie wurde, was er/sie ist. Und bei den meisten, so zeigte sich, spielten die Erlebnisse und Eindrücke während der Kindheit eine maßgebliche Rolle, dazu kamen prägende Erfahrungen im Jugendalter.

SPURENSICHERUNG

KINDER SEHEN, BEGREIFEN, ZEICHNEN UND BEGEISTERN SICH

Am Anfang stand bei fast allen der befragten Architekten eine ausgeprägte kindliche Fähigkeit zur Wahrnehmung und zur Begeisterung, häufig geweckt und gefördert durch das Elternhaus sowie das soziale und räumliche Umfeld, in dem sie aufwuchsen. Um musische Erziehung ging es dabei oft gar nicht. Die Kinder konnten sich einfach über Schönes freuen, das sich ihnen als ansprechende Bilder einprägte. Sie fanden Freude am Schaffen, Bauen, Malen, Werken, vor allem Räume erhielten eine Bedeutung.

Besonders eindrucksvoll sind die Bilder, die sich bei JÜRGEN BÖGE, der durch sein Familienumfeld kaum mit Architektur und Kunst in Berührung gekommen ist, erhalten haben: „Meine erste Begegnung mit Architektur ist mir aus dem Kindesalter in Erinnerung. Ich lebte auf dem Bauernhof. Wenn ich so vor dem Stall in der Sonne saß, sah ich vor mir die wellige, grüne Geestlandschaft mit einem Blick bis zur alten Brücke über den Nordostseekanal. Hin und wieder fuhr ein riesiges Passagierschiff durch den Kanal, und dann sah man zwischen dem Grün die weißen Aufbauten des Schiffs. Und wenig später waren sie wieder verschwunden. Das war etwas ganz Eigenartiges, und es sind die Bilder, die mir in Erinnerung geblieben sind."

HADI TEHERANI entdeckte seine Leidenschaft fürs Malen und Zeichnen schon sehr früh: „Bereits mit sechs Jahren konnte ich Bilder zeichnerisch nahezu perfekt reproduzieren. Das Gefühl für hell und dunkel, Licht und Schatten, dafür hatte ich eine Begabung. Bis zu meinem 24. Lebensjahr habe ich das mit Kreativität verwechselt. Ich bin durch die Museen gelaufen, habe die Bilder gesehen und mich gefragt, was soll denn da Besonderes dran sein? Das kann ich auch, dachte ich. Erst im Architekturstudium wurde mir klar, was Kreativität bedeutet, was es heißt, konzeptionell zu arbeiten, um aus der eigenen Kompetenz und Erfahrung heraus eine Antwort zu finden."

TEHERANIS Eltern förderten das zeichnerische Talent ihres Sohnes kaum, im Gegenteil: „Sie machten mir Vorhaltungen, wenn ich mitunter mit dem Zeichenstift der Schönheit des menschlichen Körpers auf der Spur war."

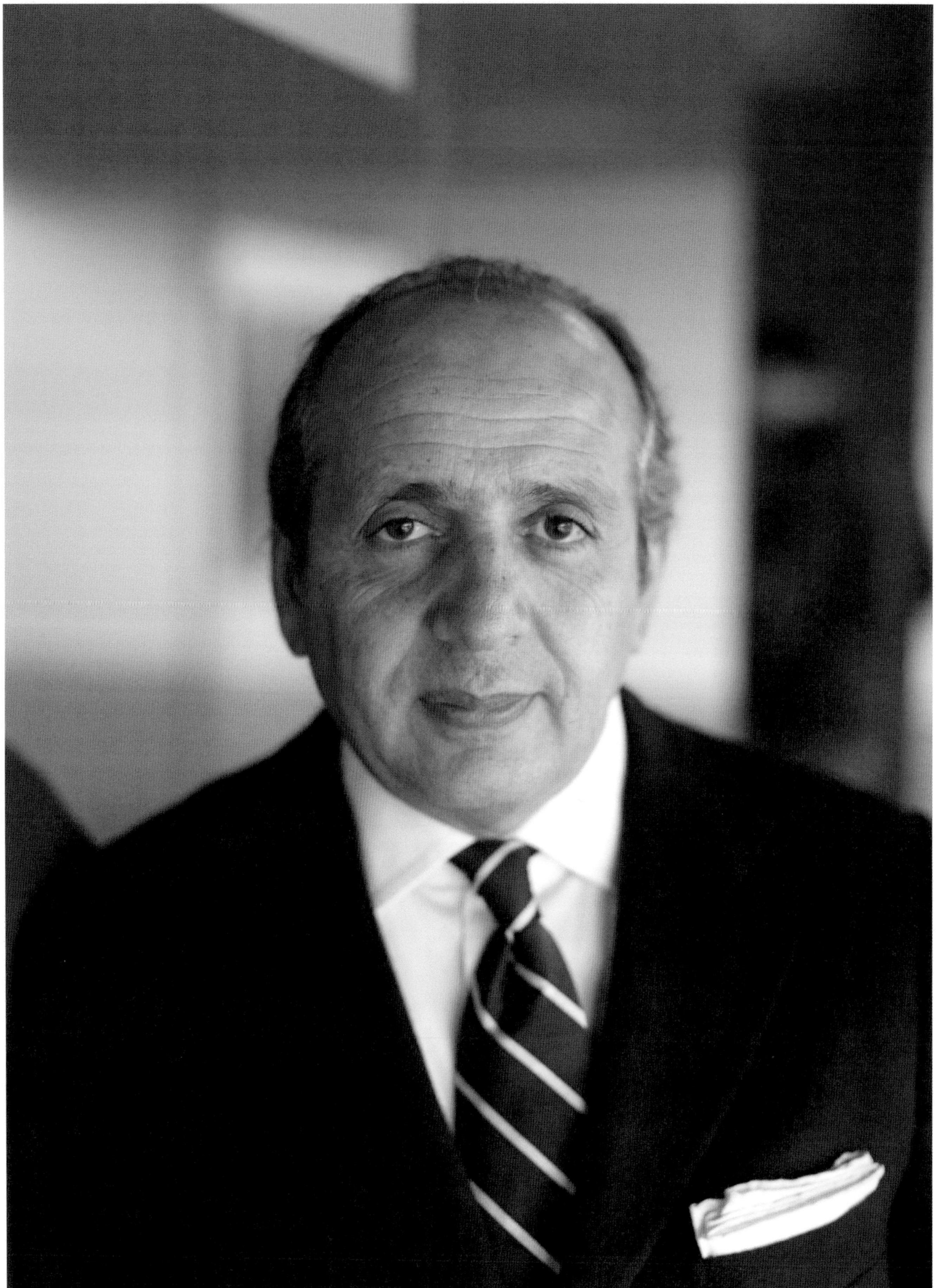

HADI TEHERANI

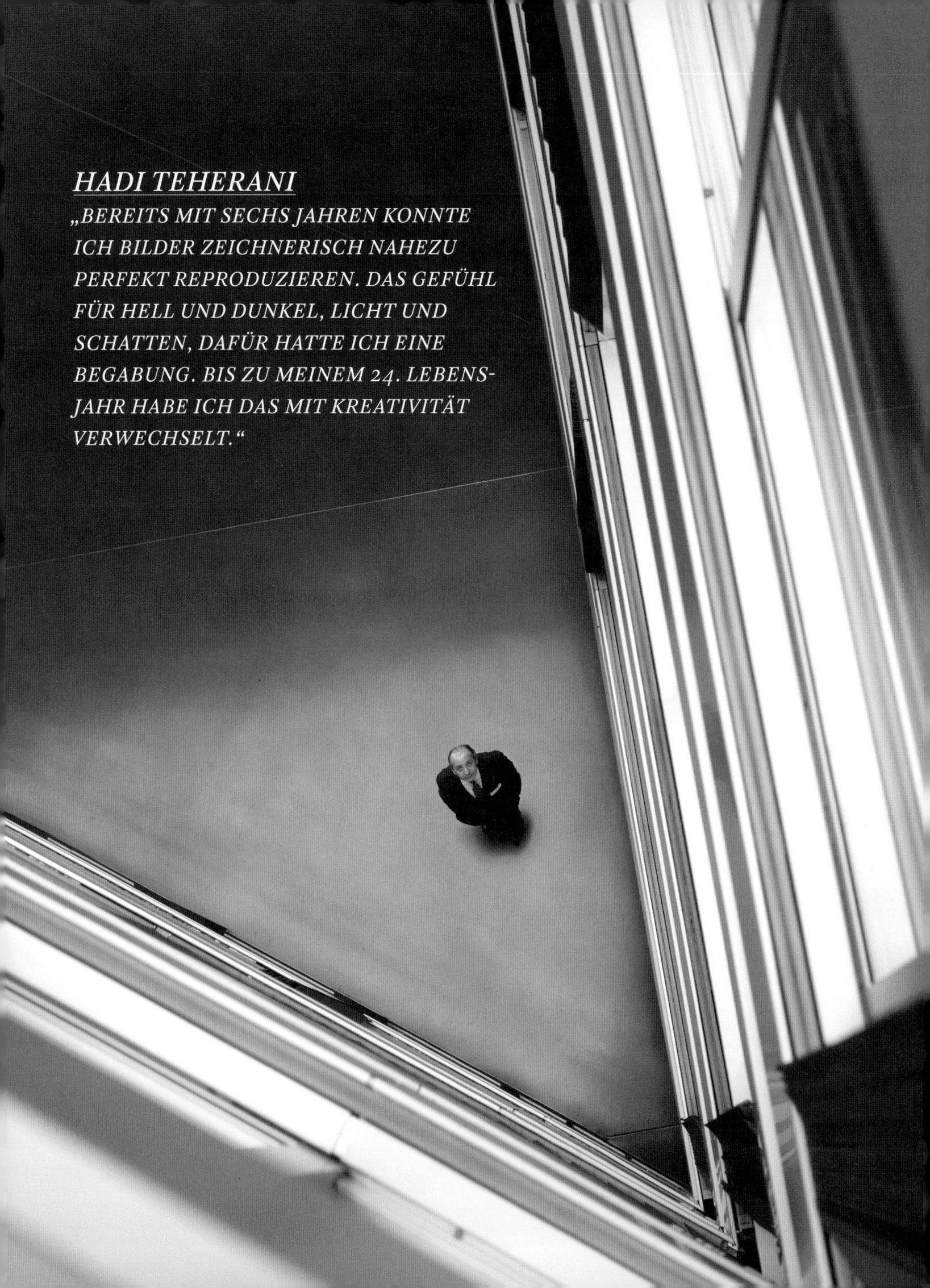

„BEREITS MIT SECHS JAHREN KONNTE ICH BILDER ZEICHNERISCH NAHEZU PERFEKT REPRODUZIEREN. DAS GEFÜHL FÜR HELL UND DUNKEL, LICHT UND SCHATTEN, DAFÜR HATTE ICH EINE BEGABUNG. BIS ZU MEINEM 24. LEBENSJAHR HABE ICH DAS MIT KREATIVITÄT VERWECHSELT."

ATELIER LÜPS

SPURENSICHERUNG

MEINRAD MORGER spürte in der Familie einen gewissen Stolz, einen großen Architekten in der Verwandtschaft zu wissen: Johann Georg Müller, Erbauer der Laurentzkirche in St. Gallen. „Der war bei uns ständig präsent, denn meine Großmutter hat viel über ihn gesprochen. Aber unabhängig davon erinnere ich mich, dass ich viel gezeichnet habe." Und er fügt schmunzelnd hinzu: „Viel, aber nicht gut."
JÜRGEN MAYER H. erzählt, er habe mit 16 Jahren von seinen Eltern ein Buch über Architektur geschenkt bekommen. Ein expressionistisches Mendelsohn-Kaufhaus hatte ihn dabei besonders imponiert. Man könnte fast glauben, dass die Wirkung noch heute in seinen Arbeiten zu spüren ist.

EIN GENERATIONENVERTRAG: VÄTER ODER ÜBERVÄTER?

1984 trug die *Bauwelt* in elf Geschichten, einem Reigen aus Selbstauskünften, den Stabwechsel zwischen „Vätern und Söhnen" zusammen. Die Altvorderen, darunter Gutschow und Wolters, hatten ihre Karrieren zum Teil in beflissentlicher Nähe zum Nazi-Regime entwickelt. Als Vorwort hatte die *Bauwelt* passend einen Auszug aus Heinrich Bölls „Billard um halb zehn" abgedruckt. Es blieb, soweit bekannt, die bisher einzige literarische Annäherung an das Thema Nachfolge im Architekturbüro.

Inzwischen sind einige Jahrzehnte vergangen. Die Architekten, die heute ein Büro übernehmen, sind zum Teil die Nachkommen einer Generation, die sich eher mit Baader-Meinhof als Goebbels und Speer auseinandersetzen musste. PRIX, HENN, INGENHOVEN, BEHNISCH, LÜPS, KLEIHUES, BIENEFELD – alles Kinder von mehr oder weniger namhaften Architekten. Einige gelangten zu internationaler Berühmtheit, andere werden erst jetzt vorgezeigt, als sollte der Vater noch etwas vom Glanz des inzwischen berühmten Sohnes spüren – oder die solide Genealogie des Talents bewiesen werden.

Vater-Sohn-Beziehungen können schwierig und voller Konflikte sein, das lehrt die Psychologie. Die Söhne grenzen sich ab, suchen nach ihrer eigenen Identität. Häufig ist die Beziehung von Rivalität geprägt. Viele Zwiste äußern sich in hohen Anforderungen, die Väter an ihre Söhne – aber auch die Söhne an sich selbst stellen. Gleichzeitig zweifeln sie an der Vorbildrolle ihrer Väter. Wenn die jedoch begreifen, dass ihre Söhne keine Rivalen sind, sondern vielmehr stolz und glücklich verfolgen, was ihre Kinder tun, sie dabei nach Kräften unterstützen und gleichzeitig loslassen, dann erleichtern sie ihnen den Weg zu dem Beruf.

Die Väter LÜPS und AUER wirken offenbar beispielhaft. Während unserer Gespräche, bei denen auch ihre Söhne zugegen waren, klangen Harmonie, gegenseitiger Respekt, wechselseitige Kritikfähigkeit, vor allem aber Stolz auf beiden Seiten durch. Sowohl Lüps als auch Auer ziehen sich nun sukzessive aus dem Geschäft zurück, beziehungsweise widmen sich speziellen Aufgaben innerhalb des Büros.

Lag das Motiv, Architekt zu werden, für die Söhne der berühmten Väter im Beruf selbst oder trieb sie nur die Hoffnung dazu, dem Vater ein guter Sohn zu sein?
Es sei der Reiz des Berufs, versichern die Architekten nachdrücklich. Im Gegenteil, STEFAN BEHNISCH hatte wegen seines Vaters die Architektenszene zunächst sogar gemieden, weil er einen zu große Erwartungsdruck (nicht seitens der Eltern, wohlgemerkt) fürchtete. Irgendwann kam ihm die Einsicht, „aus Prinzip nicht Architektur zu studieren ist mindestens so unsinnig wie aus Prinzip Architektur zu studieren".

JAN KLEIHUES war während seiner Kindheit die Bedeutung seines Vaters für die Architektenwelt nicht wirklich bewusst. Erst im Lauf des Studiums wurde ihm allmählich deutlich, in welch große Fußstapfen er zu treten hatte: „Wer weiß", meint er, „hätte ich das vorher gewusst, vielleicht hätte ich mich dann anders entschieden." So aber war ihm bereits mit 13 Jahren klar, dass er später einmal unbedingt den Beruf seines Vaters wählen wollte. „Allerdings habe ich damals nur die schönen Seiten des Berufs in einem Büro gesehen, in dem die Arbeit kreativ und die Stimmung immer gut war."

Die meisten Architektensöhne nahmen regen Anteil am Berufsleben des Vaters. Die Erinnerungen sind positiv und intensiv zugleich: „Ich bin mehr oder weniger im Büro meines Vaters aufgewachsen, Architekt war immer mein Traumberuf", sagt WOLF PRIX. Und GUNTER HENN erinnert sich an das Skizzenpapier seines prominenten Vaters. „Ich war durch mein Elternhaus geprägt. Allein schon der Geruch vom Graphit des Bleistifts war mir sympathisch."
CHRISTOPH INGENHOVEN war neun Jahre alt, als sich sein Vater als Architekt selbstständig machte und sein Büro zu Hause einrichtete: „Von diesem Zeitpunkt an war Schule nur am Rande", erinnert er sich. „Wichtig war Tennisspielen, ansonsten habe ich nur im Büro gesessen." Als Kind spürte er an diesem Ort eine gewisse Akzeptanz durch sei-

SPURENSICHERUNG

nen Vater: „Kinder, die aufgeweckt sind, finden es interessant, wenn jemand etwas Ernsthaftes tut, nicht auf Kinderniveau. Kinder haben Interesse daran, dass sie nicht nur als Kinder wahrgenommen werden, wenn sie dabei sind, wenn es auch um etwas Echtes geht." Oft begleitete er seinen Vater auf die Baustellen, was ihm nachhaltig in Erinnerung geblieben ist („es riecht dort toll").

Fast klingt es, als würden in den Söhnen die Kindheitserlebnisse im späteren Beruf fortleben.

Gleichwohl spürte INGENHOVEN die starke Last, die damals auf den Schultern seines Vaters lag. „Ich habe früh die Sorgen um Geld und den nächsten Auftrag mitbekommen. Das hat man nicht vor mir verborgen. Was gut und schlecht ist – gut, weil man etwas mitbekommt, schlecht, weil Kinder damit überfordert werden können. Das gilt vor allem für die Kinder, die bereit sind, Verantwortung zu übernehmen. Und das können Eltern benutzen und ausnutzen." Er lacht: „Bewusst und unbewusst."

Es bleibt die Frage: Wird es einfacher oder schwieriger für einen jungen Architekten, wenn er einen prominenten Vater hat? Anders als in den USA, wo man Neuem interessierter und aufgeschlossener gegenüberstehe, jungen Architekten deswegen eher eine Chance einräumt, reüssiere man in Deutschland nur, wenn man in die Fußstapfen seiner Väter trete, konstatieren GRAFT ARCHITEKTEN: „Unter den 30 renommierten Büros hierzulande sind wahrscheinlich 20 Prozent, die das Business des Vaters übernommen haben."

Es sei richtig, gaben die Söhne bekannter Architekten zu, einen berühmten Vater zu haben, erleichtere den Start ins Berufsleben ungemein. Man verfügt über mehr Erfahrungen, bessere Kontakte, ein eingespieltes Büro, vor allem aber kann man auch von gewissen Vorschusslorbeeren leben. Architekten, in deren Familie es keinen großen Baumeister gab, vertraten dagegen die Ansicht, es sei nicht gerade einfach, im Fahrwasser berühmter Väter zu schwimmen. In der Regel sei ein deutlicher Qualitätsabfall zu bemerken. Gleichwohl räumen sie ein: Ausnahmen bestätigten die Regel.

KUNST UND SPIEL. ERSTE STRICHE UND DIE SUCHE NACH LEBENSART

Eine wesentliche Rolle hatte für viele Architekten die Schulzeit gespielt, genauer gesagt, der Kunstunterricht. Etliche erinnern sich an einen guten, einfühlsamen Lehrer, der die künstlerischen Fähigkeiten seiner Schüler entdeckt hat und zu fördern wusste. Nicht selten hatten die Schüler zu diesen Lehrern eine intensive emotionale Beziehung. VOLKER STAAB, der aus einem eher naturwissenschaftlich orientierten Elterhaus stammt, lernte im Schüleraustausch einen Jungen kennen, der ausgesprochen gut zeichnen konnte und ihm den ersten Impuls für das Zeichnen gab. „So fing das an. Später hatte ich dann auch noch einen guten Kunstlehrer. Lehrer, die Begeisterung vermitteln können, sind eben wichtig", erklärt Staab.

Auch CARSTEN ROTH erinnert sich an seine außergewöhnliche Kunstlehrerin: „Sie war ausschlaggebend für mein Interesse an Kunst – und sie hat immer Goethes Geburtstag gefeiert anstatt ihres eigenen."

„Als ich elf Jahre alt war", weiß ALMUT ERNST noch, „hat unsere Kunstlehrerin ein Haus zerschnitten und die Papierstücke jedem von uns auf ein Blatt geklebt, damit wir dies als Übung für perspektivisches Zeichnen wieder ergänzten. Ich fand das zu langweilig und habe ein völlig anderes Haus entwickelt. Das hat bei mir ein Denken über Möglichkeitsräume ausgelöst."

Die Kinder von FRITZ AUER haben die Waldorfschule besucht – ein Ort, an dem der musische und künstlerische Bereich breit gefächert ist, wobei die geisteswissenschaftliche Herleitung von Rudolf Steiner hier nicht zur Debatte stehen soll.

Jenseits schöner Erfahrungen im Kunstunterricht erzählen etliche Architekten von prägenden Erlebnissen mit solchen Menschen, deren Lebensart und Umgang sie als Kind bewundert hatten – und die Architekten waren.

„Es ist ja meistens entscheidend bei diesem Beruf, mit welchen Personen man in seiner Jugend zusammentrifft", sagt MARKUS ALLMANN. „In meinem Bekanntenkreis gab es einen Architekten, der immer ein schönes Leben geführt

STEFAN BEHNISCH

„AUS PRINZIP NICHT ARCHITEKTUR ZU STUDIEREN IST MINDESTENS SO UNSINNIG WIE AUS PRINZIP ARCHITEKTUR ZU STUDIEREN."

DAS ERSTE HAUS ...

DIETRICH / UNTERTRIFALLER ARCHITEKTEN

ATELIER CZECH

hat. Er war sehr interessiert und aufgeschlossen. Und das hat mich damals bewegt, auch so einen Beruf zu ergreifen. Mir hat die Lebensart gefallen, die war sehr offen, sehr genussorientiert, und da habe ich das Gefühl bekommen, dass das Gestalten von Lebenswelten eine recht schöne Sache sein kann. Das ging einher mit meiner zeichnerischen Begabung. In der Schule habe ich immer viel gezeichnet." Schon während seiner Schulzeit entwarf ALLMANN zahlreiche Objekte, Motorräder, Skateboards, designen würde man heute sagen.

Ein beeindruckender Jesuitenpater, der gleichzeitig ein Konzertpianist mit absolutem Gehör war, stellte eine wichtige Leitfigur für ARMAND GRÜNTUCH dar: „Wenn ich in meinem Leben zurückschaue, sind es immer bestimmte Menschen, die einen im Leben weitergebracht haben. Die Prägung durch eine Person vermittelt jenseits des Inhalts eine gewisse Haltung und verfestigt diese, was für die Architektur, glaube ich, sehr wichtig ist."

Bei PETER HAIMERL gab der philosophische Ansatz von Peter Eisenman die Initialzündung für den Beruf. Die gedankliche Auseinandersetzung mit dessen House X (ten) in Bloomfield Hill (1975) begeisterte ihn derart, dass er dadurch einen Zugang zur Architektur fand. Wie alle Bauten von Eisenman ist der Entwurf für diese Riesenvilla schließlich nur der metaphorische Beweis seines Architekturdenkens. Wie ein Baukastensteckspiel organisiert, steht es für den Glauben an das Rationale und Planbare, das als konstruktivistisches Artefakt von der Landschaft durchdrungen wird. Kein Wunder, dass es eine Fülle von vertrackten Interpretationen ausgelöst hat, aber wohl selten war dieses komplexe Gebilde verantwortlich für die Berufswahl.

JÜRGEN BÖGE kam über verschlungene Wege zum Architekturstudium. In seinem Elternhaus gab es für ihn zunächst keine besonderen Anreize, die in die Richtung seines späteren Berufs führten. Ausschlaggebend waren indes die Menschen, die Böge während des Studiums (er hatte zunächst Verfahrenstechnik studiert) kennenlernte. „Ich fand interessant, wie die Architekturstudenten lebten, da war immer eine gute Stimmung. Außerdem", fügt er schmunzelnd hinzu, „hat mich der hohe Frauenanteil beim Architekturstudium gereizt." Die Ablenkung blieb nicht ohne Folgen, hier hat er seine spätere Frau (und Büropartnerin) Ingeborg Lindner getroffen.

DIE GANZE WELT IST EINE BAUSTELLE

Zu einem durchweg kreativen, anregenden Umfeld gesellte sich bei den 33 Architekten die Begeisterung, das Entstehen von Gebäuden zu erleben.

PAUL KAHLFELDT war zufällig zugegen, als in Berlin das aus Stahlvollwandträgern geschweißte Dach der Nationalgalerie mit hydraulischen Winden angehoben wurde. Der Architekt Mies van der Rohe, dafür noch einmal aus Chicago in seine Berliner Heimat zurückgekehrt, saß dabei in seinem Wagen und schaute zu. Das war in den späten 60er Jahren. Mies und sein Werk ließen Kahlfeldt nicht mehr los, sein Ziel hieß nun: „Das möchte ich auch können."

Für den 18-jährigen FRITZ AUER war der elterliche Hausbau in der 50er Jahren mit entscheidend für seine Berufswahl. Ihm hatte besonders imponiert, wie die Handwerker Pläne lesen konnten. Seine Begeisterung für das Ungewöhnliche zeigte sich dann bei der Eignungsprüfung zum Studium, bei der er sein persönliches Traumhaus skizzieren sollte. „Da habe ich einen Fliegenpilz mit einer Palme gemalt."

JÓRUNN RAGNARSDÓTTIR, die als Kind schon gern gezeichnet hatte, beschreibt ebenfalls den elterlichen Hausbau als ein Erlebnis, das ihr den Weg zum späteren Architekturstudium gewiesen hat. Gleichwohl ging sie ihn über den Umweg zur Bühnenbildnerin.

Wenn in seiner Gegend gebaut wurde, war auch DIETMAR EBERLE immer wieder fasziniert, er konnte sich sogar begeistern, wenn nur Telefonmasten aufgestellt wurden. Gleiches gilt für ANTON NACHBAUR, den das Häuserbauen von klein auf beschäftigt hat. Zu Hause entstanden seine ersten eigenen Werke – aus Lego-Steinen.

Während die Architekten über ihre Kindheit sprechen, sitzen sie inmitten der Miniaturwelten, die sie um sich aufge-

„WENN ICH IN MEINEM LEBEN ZURÜCKSCHAUE, SIND ES IMMER BESTIMMTE MENSCHEN, DIE EINEN IM LEBEN WEITERGEBRACHT HABEN. DIE PRÄGUNG DURCH EINE PERSON VERMITTELT JENSEITS DES INHALTS EINE GEWISSE HALTUNG UND VERFESTIGT DIESE, WAS FÜR DIE ARCHITEKTUR, GLAUBE ICH, SEHR WICHTIG IST."
(Armand Grüntuch)

baut haben: Modelle freilich, aber auch kleine Sammelobjekte aus frühen Tagen, häufig Spielzeugautos. Fast scheint es, als setzten sie nun professionell fort, was sie einst spielerisch begeistert hatte – mit der gleichen Leidenschaft: Schöpfen, Schaffen, Konstruieren.
Haben Architekten eine kindliche Ader?
ADRIAN MEYER bringt es auf den Punkt: „Ich glaube, neben vielem anderen war es eine ganz naive, kindliche Faszination und Vorstellung, was Häuser sind, die langsame Entdeckung vom Raum. Das muss bei mir auch so gewesen sein, diese Begeisterung, dass man etwas gern mit der Hand macht, etwas zusammenbastelt und zusammenflickt, sei es ein Flugzeug, ein Auto. Und ich bin mir selber dankbar, dass ich mir erlaube, dieses Kindliche, Kindische nicht aufgegeben zu haben. Ich habe zum Beispiel ganze Modelle einfach umgedreht, auf den Kopf gestellt und habe gesagt, schau'n wir mal, wie das jetzt aussieht." Meyer lacht. „Das kann man ja auch als Humor bezeichnen, dass man Distanz zu sich selbst hat. Ich glaube", fährt er fort, „dass dieses Naive, das aus dem Kindlichen Geborene, wie Häuser sind, was ein Raum ist, in mir geweckt hat, dass ich das auch beruflich mache. Ich habe viele Flugzeuge erfunden. Flugzeuge, die es nicht gab, mit ganz vielen Flügeln. Ich glaube, diese Faszination habe ich nicht verloren."

ERLEBTES BAUHAUS:
KUNST UND TECHNIK, EINE NEUE EINHEIT
Die Fähigkeit, intensiv wahrzunehmen, sich inspirieren zu lassen, gepaart mit dem Wunsch, etwas zu schaffen, zu erfinden, ist allen Architekten gemeinsam. Sie spüren dafür Leidenschaft, Emotion, eine ausgeprägte Kreativität.
Diesem Hang steht bei den meisten diametral die Begeisterung für Logik, Mathematik und Naturwissenschaften gegenüber.
WOLF PRIX, der sich schon früh für Kunst interessiert hat, beschreibt ein für ihn spannendes Merkmal von Architektur: die Verbindung von Kunst und baubarer Herausforderung. Als er zum ersten Mal La Tourette von Le Corbusier gesehen hatte, sagte er sich: „Wenn das Architektur ist, dann will ich Architekt werden." Das Ende der 50er Jahre gebaute Dominikanerkloster bei Lyon gehört zu den spartanischen Inkunabeln der Weltarchitektur. Es ist purer, brutaler Stahlbeton, dessen reine Formen vom Licht leben – kein Glaubens-, sondern ein gebautes Architekturbekenntnis, eine Wallfahrtsstätte auch für Ungläubige.

SPURENSICHERUNG

Die Kombination zwischen Kunst und ihrer praktischen Umsetzung gab auch bei DIETRICH FINK den Ausschlag für seine Berufswahl. Wenngleich es für ihn in der Kindheit keine Berührungen mit der Architektur gab, verspürte er schon früh ein gewisses Interesse für diesen Beruf.
Letztlich, so FINK, beruhte seine Entscheidung ein wenig auf Spekulationen, was unter Architektur zu verstehen sei: „Ich habe mich dafür entschieden, weil der Beruf nur dann Sinn macht, wenn er es versteht, die Kluft zwischen der Wissenschaft und der Kunst durch Handeln zu überbrücken. Wer ausschließlich aus der Wissenschaft kommt und die Dinge rational abhandelt, dessen Architektur kann die Zeit nicht überdauern. Bei dem, der nur aus der Intuition kommt, bei dem ist es ebenso. Diese Sensibilität war zu dem Zeitpunkt meiner Entscheidung gut ausgebildet – ich wusste, dass ich in der Lage sein muss, zum einen auf meine Intuition zu bauen, und dass ich zum anderen eine gewisse Basis bzw. ein großes Wissen brauche."

HABE NUN, ACH! PHILOSOPHIE, JURISTEREI …
Bildhauerei, Philosophie, Literatur, Film, Malerei, Musik, dann auch noch Mathematik, Physik oder Biologie … wie kann da ein junger Mensch entscheiden, welchen Beruf er wählen soll?
Landeten sie schließlich doch bei dem Architekturstudium, so blieb bei den einen die Furcht vor der zwar inspirierenden, aber tendenziell brotlosen Zukunft, die schöngeistige Studienrichtungen mit sich bringen. Andere meinten, sie hätten schließlich erkannt, kein anderer Beruf decke ihre vielschichtigen Interessen so gut ab wie Architektur.
„Architekten werden oft auch Menschen, die lange studieren, die sich für vieles interessieren und sich ungern festlegen. Architektur ist ja ein Studium, wo man sehr viel Verschiedenes kennenlernt, und nichts richtig. Es ist ja eine unpräzise Wissenschaft, wir sind ja in den Welten dazwischen (Kunst, Technik sowie Philosophie) zu Hause. Und es gibt keinen richtigen Lehrplan – zum Glück. Zumindest gab es zu meiner Zeit keinen", erinnert sich STEFAN BEHNISCH.
Kein Wunder, dass etliche Architekten ihren Beruf über Umwege, über Ausflüge in andere Gefilde gefunden haben,

SPURENSICHERUNG

sei es in praktisch orientierte Berufe, etwa über eine Tischlerlehre, oder in andere, meist geisteswissenschaftliche Studiengänge.

JÜRGEN MAYER H. beispielsweise wollte zunächst Kunst studieren, hat sich dann aber doch für das „Dreidimensionale" entschieden. FLORIAN NAGLER widmete sich zunächst ein Semester lang dem Studium der Geschichte und Kunstgeschichte, absolvierte anschließend eine Lehre als Zimmerer, bevor er mit dem Architektenstudium begonnen hat. MUCK PETZET hatte sich an der Uni zunächst bei den Philosophen eingeschrieben, bis er sich nach etwas Praktischem, Handwerklichem sehnte. Auch STEFAN BEHNISCH absolvierte ein Philosophiestudium (bei den Jesuiten), parallel dazu studierte er Volkswirtschaft, bis er über den Schatten seines Vaters sprang und sich für Architektur entscheiden konnte. Lange schwankte auch VOLKER STAAB zwischen Kunst und Philosophie. Zwischendurch arbeitete er noch als Bühnenbildner. Von zu Hause aus spürte er jedoch einen gewissen Druck: „Ich sollte etwas machen, womit ich Geld verdiene. Am Ende des Studiums habe ich mich damit abgefunden, dass ich Architekt bin", sagt er lächelnd.

Schreiben oder Bauen? DIETMAR EBERLE sah für sich nur diese beiden Möglichkeiten. Weil das Schreiben für ihn jedoch etwas Unverbindliches, das Bauen hingegen etwas Öffentliches bedeutete, beschloss er, Architekt zu werden – nicht ganz ohne diese Wahl immer wieder zu prüfen und dabei in Sinnkrisen zu stürzen: „Ich komme aus einem ganz kleinen Dorf in den Bergen, am Ende des Bregenzer Waldes. Für mich war es nach dem Studium ganz entscheidend, mich nicht für Architektur zu entscheiden, sondern für die Frage, was ich eigentlich für die Leute tun kann, von denen ich komme, vor denen ich einen hohen Respekt habe, die ich sehr schätze, die ein sehr ernsthaftes Leben führen. Was kann ich dazu beitragen, dass unser/deren Leben besser wird? Für mich war nicht entscheidend, die Rolle des besser wissenden Architekten in seiner allgemein unverbindlichen Form zu sehen. Im Studium habe ich ernsthaft darüber nachgedacht, wie ich zur Architektur stehe, und war da in ewigen Sinnkrisen, was ich bis heute bin."

HERMANN CZECH, der in der Kindheit keine unmittelbaren Berührungspunkte zur Kunst hatte („bin kein guter Zeichner"), interessierte sich zunächst für das Genre Film. Die Lektüre eines Berufsberatungshefts brachte ihn schließlich zur Architektur: „Da waren Eigenschaften angegeben wie Raumverständnis und Schwindelfreiheit. Da hab ich mir überlegt, ob ich überhaupt schwindelfrei bin ..." Er macht eine kurze Pause und lacht: „Naja, hab' ich mir gedacht, dann bau' ich halt keine Hochhäuser – bis jetzt ist es so geblieben."

Film und Architektur, beiden ist laut Czech etwas gemeinsam: „Das Verführerische dabei ist die Machtfülle des Gesamtkunstwerks, die Vielfalt von Effekten, mit der man die Rezipienten im Griff hat – was aber nicht heißt, dass die jeweils ihre Freiheit aufgeben."

Wie gerade oder verschlungen auch die Wege zu diesem Beruf verlaufen sein mögen, in keinem der 33 Gespräche schwangen Zweifel mit, ob man die richtige Richtung eingeschlagen habe.

„ICH SOLLTE ETWAS MACHEN, WOMIT ICH GELD VERDIENE. AM ENDE DES STUDIUMS HABE ICH MICH DAMIT ABGEFUNDEN, DASS ICH ARCHITEKT BIN."
(Volker Staab)

VOLKER STAAB

2 IMAGE

WELCHES IMAGE BESITZT DER ARCHITEKT
IN DER GESELLSCHAFT?

ARMAND GRÜNTUCH
„ARCHITEKTUR SOLLTE WIEDER IN EINEN RAHMEN GEBRACHT WERDEN, DER EINE GESELLSCHAFTLICHE RELEVANZ INNEHAT."

REGINE LEIBINGER
„MANCHE ARCHITEKTEN SIND VERBOHRT UND KÖNNEN SCHLECHT KOMMUNIZIEREN. (…) DER ARCHITEKT MUSS ABER ZUM DIALOG FÄHIG SEIN, DAS UNTERSCHEIDET IHN AM MEISTEN VOM KÜNSTLER."

HERMANN CZECH
„ICH KONTAKTIERE DOCH AUCH NICHT 15 RECHTANWÄLTE UND LASSE SIE 15 KLAGEBEANTWORTUNGEN VERFASSEN, UM IHNEN DANACH ZU SAGEN: DANKE, WERDEN WIR MAL WEITERSEHEN."

STEFAN BEHNISCH
„FÜR DIE MEISTEN IST EIN ARCHITEKT EIN HERR X, DER KLEINE HÄUSCHEN BAUT, UND WENN ER GLÜCK HAT, DARF ER IM ORT EIN VEREINSHEIM BAUEN. GENAU DIESER BEREICH PRÄGT DAS ÖFFENTLICHE UND PRIVATE LEBEN – UND SOMIT DAS BILD DES ARCHITEKTEN."

ANTON NACHBAUR
„AM ENDE SIEHT JEDER NUR IRGENDEIN GEBÄUDE ODER EINEN PLAN, AUF DEM EIN PAAR STRICHE GEZEICHNET SIND. DA DENKT ER, DAS KÖNNE ER AUCH."

BERUFSBILDER, MENSCHENBILDER: ARCHITEKTEN AUS DEM BILDERBUCH

Unter Image versteht man gemeinhin ein vages Konstrukt, ein Meinungsbild, das aus einer Vielzahl von meist unbewussten Eindrücken hervorgegangen ist. Beinahe jede berufliche Tätigkeit ist von einem entsprechenden Image flankiert, das die Ausübenden mit Stereotypen belegt. Je weiter die Tätigkeit von der „Normalität" abweicht, je exponierter sie erscheint, je weniger Informationen man über sie hat, desto stärker wirken klischeehafte Bilder.

Auf welchen Eindrücken und Informationen könnte das Image des Architektenberufs basieren? Auf Medienberichten, auf ein paar persönlichen Kontakten oder auf einer Architektenrolle, die man im Fernsehen oder Film gesehen hat? Orientieren wir uns an Howard Roark (gespielt von Gary Cooper)? Er hält in „The Fountainhead" (1949) ein flammendes Plädoyer für das individuelle Schöpfertum und gegen die ideenlose Gleichmacherei: „Der schöpferische Mensch fühlt sich seinem eigenen Urteil verpflichtet. [...] Ich bin Architekt. Ich erkenne, was kommen wird aufgrund des Prinzips, nachdem es gebaut ist. [...] Meine Ideen sind etwas, was mir gehört."

Oder an den drei Architektengenerationen, die Heinrich Böll in „Billard um halb zehn" elegisch durch die Geschichte begleitet, um sich ebenfalls mit dem Konflikt zwischen dem selbstständig Handelnden und der opportunistischen Mehrheit auseinanderzusetzen? Im übertragenen Sinn wird das Planen, Entwerfen und schließlich das Scheitern in der familiären Umgebung im aktuellen Film „Der Architekt" (2009) behandelt: Als Georg Winter (Joseph Bierbichler) eine Auszeichnung erhält, übersetzt er das Privileg seines Berufsstands literarisch: Der Architekt könne durch seine eigenen Gedanken spazieren. Beim Weg durch seine zu Häusern gewordenen Ideen habe er Gelegenheit, ihre Stimmigkeit zu überprüfen. Der Architekt als Weltenschöpfer, dessen geistige Erfindungen sich in beinharte Materie verwandeln? Und der dann gnadenlos vom Leben eingeholt wird. Wer diesen Film gesehen hat, wird in sein persönliches Architektenbild möglicherweise dessen Zerrissenheit einzeichnen. Ein Vorurteil?

Vielleicht sind die Antworten auf unsere Frage, welches Image die Architekten in der Gesellschaft und vor allem bei ihren Bauherren wahrnehmen, ebenfalls von Vorurteilen beeinflusst? So wie sie es beschreiben, steht es nämlich alles andere als gewöhnlich und unumstritten da. Gleichzeitig wird über das Berufsbild an den Hochschulen und in den Berufsverbänden regelmäßig diskutiert. Ein weites Feld zwischen Behauptung und Rechtfertigung, zwischen Selbstgerechtigkeit und Demutsgebärden. Welche Eindrücke mögen hier wohl gewirkt haben?

Insgesamt ist das Image des Architekten gesunken, glaubt die Mehrzahl der Befragten. Der Grund: In unserer Leistungsgesellschaft wächst ein positives Meinungsbild mit dem Bekanntheitsgrad und mit den wachsenden Anforderungen oder Fähigkeiten. Doch weder kennt man in der Regel den verantwortlichen Architekten eines Gebäudes noch ahnt man, welche enormen Leistungen ihm abverlangt wurden.

„Für die meisten ist ein Architekt ein Herr X, der kleine Häuschen baut, und wenn er Glück hat, darf er im Ort ein Vereinsheim bauen. Genau dieser Bereich prägt das öffentliche und private Leben – und somit das Bild des Architekten", sagt STEFAN BEHNISCH. Kaum jemand weiß von der Komplexität der Architektenaufgaben, bedauern viele der Befragten. „Am Ende sieht jeder nur irgendein Gebäude oder einen Plan, auf dem ein paar Striche gezeichnet sind. Da denkt er, das könne er auch", erklärt sich ANTON NACHBAUR das geringe Image der Architekten. Sie besäßen keine gesellschaftspolitische Bedeutung mehr, obwohl sie für die wichtigsten Aufgaben der Gesellschaft verantwortlich seien. „Zum Teil liegt das an den Architekten selber, dass sie die Themen, an denen sie arbeiten, nicht adäquat besetzen, sich dort auch nicht äußern. Architektur sollte wieder in einen Rahmen gebracht werden, der eine gesellschaftliche Relevanz innehat", fordert ARMAND GRÜNTUCH.

„Die Anerkennung unserer Leistung ist einfach defizitär", beschwert sich auch PETRA KAHLFELDT. „Viele behandeln uns wie Fußabtreter. Das ist wirklich unglaublich. Unsere Geschäftspartner halten sich zum Teil nicht mal an das Minimum menschlicher Umgangsformen."

Erschwerend kommt hinzu, dass Architekten die nötige Unterstützung vermissen, die ihr Image nachhaltig verbessern könnte. Harte Kritik wird in dem Zusammenhang an der Architektenkammer geübt. Die würde sich zu wenig um die Belange ihrer Mitglieder kümmern. „Wir haben eine schlechte bis gar keine Lobby. Die Kollegen in den Verbänden feiern ihren eigenen Berufsstand und sitzen dabei im Elfenbeinturm", ärgert sich REGINA SCHINEIS.

KLUMPP + KLUMPP ARCHITEKTEN
„DIE ANGST VOR DEM ARCHITEKTEN HAT AUCH ETWAS MIT DER ANGST VOR UNBEKANNTEN BILDERN ZU TUN." (JULIA KLUMPP)

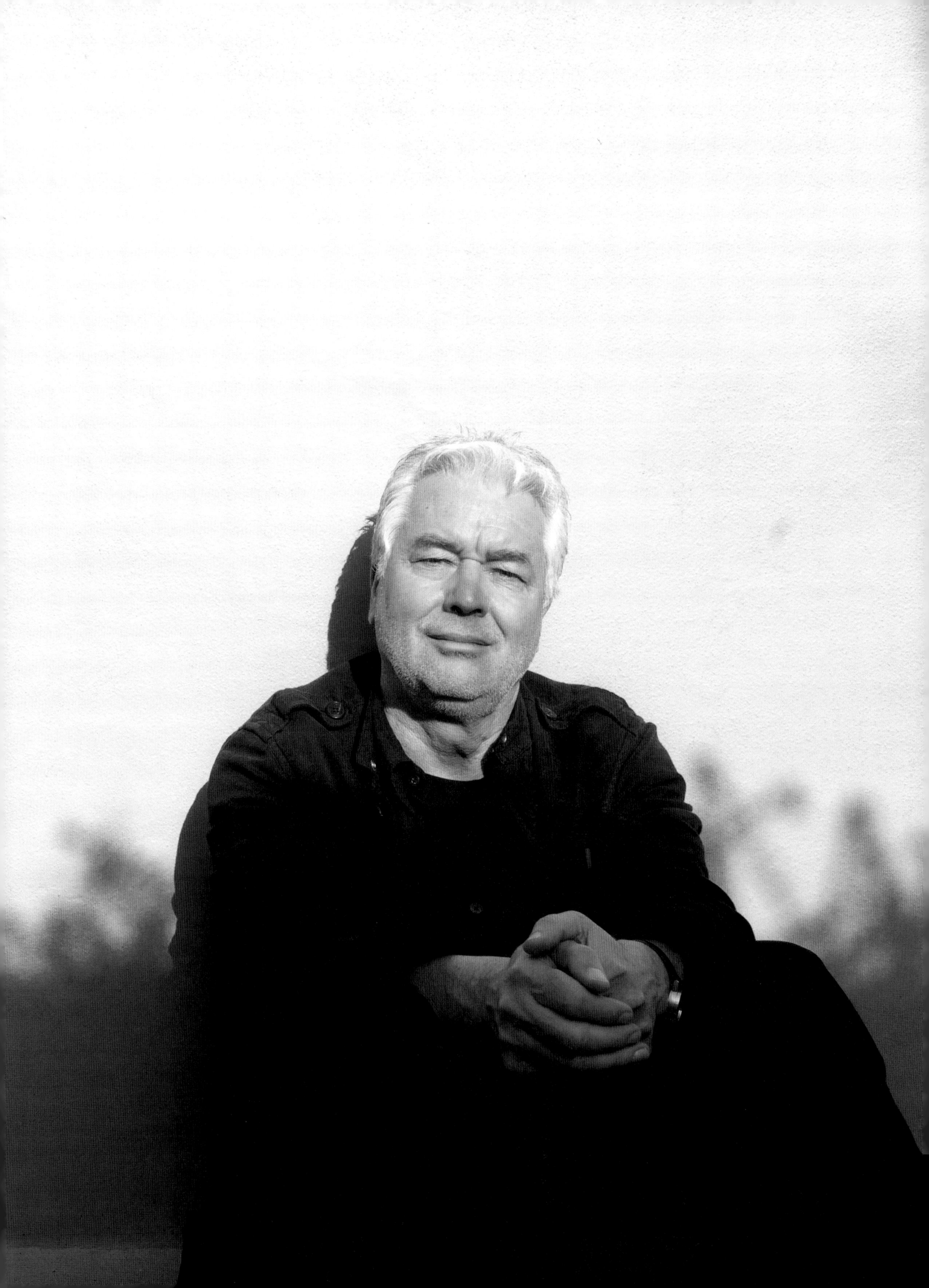

THE GOOD, THE BAD AND THE UGLY

Aus den Selbstaussagen der Architekten lassen sich, grob vereinfachend, die Berufsvertreter in drei Kategorien sortieren: die Eitlen, Kapriziösen, die Dominanten und Rücksichtslosen, die Unterwürfigen, Kompromissbereiten.

Das Image des Reichen, Eitlen und Kapriziösen wird nicht ohne eine gewisse Koketterie beschrieben. ANTON NACHBAUR lächelt, während er den Architekten klischeehaft beschreibt: „Wenn man jemanden trifft und sagt, man sei Architekt, dann merkt man an der Reaktion immer, dass die Menschen von dem Beruf ein falsches Bild haben, denn es wird auf den erfolgreichen Architekten reduziert, der mit dem Kohlestift ein paar geniale Striche macht und dann mit dem Porsche nach Paris auf einen Kaffee fährt." Oder: „Wir sind schon besondere Menschen, wir sind eitel und zelebrieren uns entsprechend, wenn auch nicht unbedingt bewusst. Wir achten auf ein tolles Auto, auf gute Kleidung, laufen meistens in Schwarz herum", grinst PAUL KAHLFELDT. (Er trägt ein dunkelblaues Jackett und eine rote Hose.) Architekten gelten als abgehoben, kompliziert und tendierten zum Realitäts- und Kontrollverlust, begründet MUCH PETZET das Negativimage.

Und ALMUT ERNST bemerkt, die Rolle des Architekten im Film sei meist der labile, halbseidene Typ. „Richtig coole Typen sind wir nie! Auf der anderen Seite fällt mir auf: Wenn man einen ganz tollen Politiker hervorheben will, der irgendetwas Gutes geschaffen hat, dann nennt man ihn ‚den Architekten einer Idee'. Dann hat das plötzlich was ganz Erhabenes, aber wenn es um uns geht, dann sieht das Bild vollkommen anders aus."

Ein weiteres Image beschreibt den dominanten und rücksichtlosen Architekten, dem jedwedes Einfühlungsvermögen abgesprochen und Rücksichtslosigkeit nachgesagt wird. Dieser Architekt beharrt unbeirrt und ungeachtet anderer Interessen, etwa denen des Bauherrn, auf seinen Vorstellungen. Das gilt vor allem für jene Architekten, die sich dieses Verhalten aufgrund ihres Status als Star erlauben können. Ein Architekt sei eben ein Alphatier und betreibe Egobusiness mit Scheuklappen, erklären GRAFT ARCHITEKTEN dieses Image.

Eine derartige Wahrnehmung wirkt nicht gerade günstig auf die Berufssparte. „Das Vertrauen der Bevölkerung in uns ist in den Keller geraten", meint JULIA KLUMPP. „Ich glaube, dass es Bevölkerungsschichten gibt, die vor dem sogenannten guten Architekten sogar Angst haben, aus Sorge, dass sie nicht das kriegen, was sie wollen. Oft hängt das damit zusammen, dass wir zu schnell Bilder vermitteln, die der Laie nicht kennt, oder Dinge zeigen, die er noch nie gesehen hat. Die Angst vor dem Architekten hat auch etwas mit der Angst vor unbekannten Bildern zu tun." Dieses Negativimage des Rücksichtslosen sei durchaus nachvollziehbar, bestätigt auch REGINE LEIBINGER, und verweist in dem Zusammenhang auf die oftmals explodierenden Kosten: „Wenn in der Zeitung steht, dass ein Projekt viel später fertig wird und am Ende auch noch das Doppelte kostet, ist das natürlich allgemein nicht gut für das Image von Architekten. Manche Architekten sind verbohrt und können schlecht kommunizieren. Nicht alle sind kompromissbereit und lassen sich wirklich auf einen Prozess ein. Der Architekt muss aber zum Dialog fähig sein, das unterscheidet ihn am meisten vom Künstler."

Doch gibt es auch das Gegenbild zum dominanten, rücksichtlosen Kollegen. Er entspricht dem Image des sich anbiedernden Architekten, der in der Hoffnung auf Aufträge gegenüber seinem Bauherrn zur Ergebenheit neigt. (Vor-)Leistungen sind von ihm zum Nulltarif zu haben. Statt wie die wirklich guten Architekten hat er sich keine gleiche Augenhöhe mit dem Auftraggeber erobert, stellt WOLF PRIX fest. „Aber es geht ja eigentlich darum, dass auch die Denkleistungen respektiert werden. Schließlich handelt es sich dabei auch um ein Produkt. Den Versuch, es umsonst zu bekommen, den wagt hier in meinem Büro kein Auftraggeber. Das verlang ich einfach! Das schlechte Image hängt aber auch mit der Architektenausbildung zusammen. Da wird man nämlich von Anfang an darauf getrimmt, dem Auftraggeber gegenüber vorauseilenden Gehorsam zu üben und stets seine Wünsche zu erfüllen. Dabei vergessen wir Architekten unsere eigentliche Aufgabe, nämlich für beide eine synergetische Lösung zu finden." HERMANN CZECH weist den Architekten eine Teilschuld an diesem Image zu. Jeder Auftraggeber wüsste genau, dass die meisten Architekten im Rahmen eines Wettbewerbs oder Vorentwurfs umsonst arbeiten. Und das sei der falsche Weg: „Ich kontaktiere doch auch nicht 15 Rechtanwälte und lasse sie 15 Klagebeantwortungen verfassen, um ihnen danach zu sagen: Danke, werden wir mal weitersehen." Das Hauptproblem an dieser Situation sei laut Czech: „Es gibt zu viele Architekten – und sogar zu viele gute!"

Sieht man von den wenigen Ausnahmen ab, die das Image des Architekten durchaus positiv einschätzen, weil der Beruf in der Öffentlichkeit interessant, intellektuell, künstlerisch und beneidenswert gelte, überwiegt der Eindruck eines Negativimages. Fehlende Lobby, mangelnde Kenntnisse darüber, was der Beruf wirklich bedeutet, von Bauherren ausgenutzt, zu kostspielig, kapriziös, abgehoben: Sind das tatsächlich die wesentlichen Merkmale, die das Architektenimage ausmachen?

Erstaunlich, dass diese Meinungsbilder ausgerechnet von erfolgreichen Architekten gezeichnet werden, die Hochhäuser, Flughäfen, Wohnanlagen, große öffentliche Gebäude oder viel diskutierte Villen bauen. Die meisten von ihnen stehen häufig im Rampenlicht, werden medial gefeiert und erhalten Preise und Auszeichnungen. Es sind jene angeblichen 2 Prozent, die es sozusagen geschafft haben, es sind die Architekten, deren Namen zumindest in der Fachwelt bekannt sind, Menschen, denen man Bewunderung entgegenträgt. Viele von ihnen sind zudem als Professoren an einer Hochschule tätig. 1965 schrieb Sibyl Moholy-Nagy: „Die Personalunion zwischen Architekt und Hochschullehrer ist in keinem anderen Land so vorherrschend wie in Deutschland." Heute ist die Bezahlung der Lehr-Beamten zwar weniger aufregend, aber die „Magie" des Titels gilt nach wie vor.

Und dennoch sehen die meisten das Image ihres Berufs derart trübe? Unweigerlich überlegt man sich, wie sich Tausende von Architekten fühlen mögen, die in ihren Kleinstbüros

„WIR SIND SCHON BESONDERE MENSCHEN, WIR SIND EITEL UND ZELEBRIEREN UNS ENTSPRECHEND, WENN AUCH NICHT UNBEDINGT BEWUSST. WIR ACHTEN AUF EIN TOLLES AUTO, AUF GUTE KLEIDUNG, LAUFEN MEISTENS IN SCHWARZ HERUM."
(Paul Kahlfeldt)

bestenfalls ein Häuschen für einen Bekannten bauen dürfen – und das womöglich umsonst, weil man im Prinzip noch froh darüber ist, in diesem Beruf nur irgendwie tätig sein zu dürfen. Zur Erinnerung: 42 Prozent der Architekten arbeiten in einem Ein-Personen-Büro, etwa die Hälfte der Kammermitglieder ist angestellt, dazu kommen die nicht erfassten Mitarbeiter ohne Kammerzugehörigkeit. Die Honorarerlöse sind so bescheiden, dass 10 Prozent der Büros nicht unter die Umsatzsteuerpflicht fallen. Eine Statistik beschreibt regelmäßig die Insolvenzen und geplanten Büroauflösungen. Insofern wäre es naheliegend, die große Zahl der anonymen Architekten zu fragen, ob die ermittelten Aussagen überhaupt ihre Lebenswelt wiedergeben. Spiegelt das wahrgenommene Image auch ihre tatsächlichen Sorgen, Bedenken oder gar heimlichen Wünsche? Fühlt man sich wirklich nicht genügend akzeptiert? Wäre man lieber (noch) größer, (noch) berühmter? Und träumt gar von einer Karriere als Stararchitekt? Eine gängige Redensart bei Berufsanfängern heißt: Hauptsache, ich bin gesund und meine Frau (mein Mann) ist Lehrer(in).

DER STARARCHITEKT

Stararchitekt: Fast jeder der 33 Befragten sprach dieses Zauberwort irgendwann im Lauf der Gespräche aus, meistens ergänzt mit zweifelnden Attributen wie „sogenannt" oder „vermeintlich", gern auch mit kritischem Unterton wie „unsäglich", „abgehoben" oder „ungerechtfertigt".
Warum? Was ist gemeinhin unter „Stararchitekt" zu verstehen? Im Internet versucht man es zunächst mit Wikipedia, der unentbehrlichen Allerweltsenzyklopädie. Dort wird der Stararchitekt als ein mediales – aber nicht architektonisches Phänomen beschrieben. Zum Star werde man, wenn man international agiert und medial gefeiert werde, weil spektakuläre Entwürfe und Realisierungen gelungen seien. Als Beispiel werden genannt: das Pekinger Vogelnest (Nationalstadion) von Herzog & de Meuron oder Frank Gehrys Guggenheim-Museum in Bilbao. „Merkmal der Stars ist eine klare, immer wieder erkennbare Handschrift, etwa die eines Gehry oder einer Zaha Hadid", ist weiter zu lesen.

Klickt man sich bei Google durch den Begriff „Stararchitekt", landet man bei folgenden Namen: Ole Scheeren, der Chinas hohe Türme baut, Norman Foster, der zurzeit einen Flughafen für kommerzielle Weltraumflüge plant, aber auch bei Christoph Mäckler (Frankfurter Opernturm) und dem unlängst verstorbenen Günter Behnisch (Olympiastadion). Es folgen Daniel Libeskind, Mario Botta, Renzo Piano und viele weitere.

Keiner der befragten Architekten steht – zumindest am Tag unserer Recherche – an Googles prominenter Stelle. Spitzt man dagegen die Suche zu und kombiniert ihre Namen mit „Stararchitekt", wird man schnell fündig. Fast alle der 33 Namen wurden irgendwann mit dem Nimbus des Stararchitekten geschmückt: STAAB, CZECH, GRÜNTUCH, EBERLE, JÜRGEN MAYER H., TEHERANI, INGENHOVEN – das hilft natürlich auch der Journaille, um dem breiten Publikum die Wichtigkeit eines Zeitungsartikels zu beweisen.

Diesem Rechercheergebnis zufolge kommen in diesem Buch mehrheitlich Stararchitekten zu Wort. Stars – zumindest im deutschsprachigen Raum. Doch will man zur wahren Elite zählen, muss man international bekannt sein, meinen die Befragten fast schon bescheiden.

Und da sieht es, will man ihnen glauben, eher mager aus. International anerkannte Stararchitekten aus Deutschland, der Schweiz oder Österreich? Wie heißen die?

Weitgehende Übereinstimmung besteht nur hinsichtlich des Büros Herzog & de Meuron aus der Schweiz. Nett, was Jacques Herzog dazu selbst einmal in einem Interview mit Benedikt Loderer lakonisch geäußert hat: „Ich verwende den Begriff selbst nicht, deshalb kann ich das schlecht beurteilen."

Im Ausland, so erklärt der international tätige JÜRGEN MAYER H., würde man nur die deutschen Architekten des 20. Jahrhunderts schätzen, die zeitgenössischen hingegen seien international wenig bekannt. Das werde auch offiziell nicht so richtig mittels Ausstellungen und Publikationen gefördert und geändert. Deutschland stünde (aus Sicht des Auslands) lediglich für Ingenieurarchitektur und Nachhaltigkeit. Alles in allem zählten international vielleicht fünf Architekten zur oberen Liga. Mit dabei offenbar auch er selbst: „Das ist die Reaktion, die ich von außen spüre."

Weitere Namen fallen bei den Gesprächen zögerlich, teilweise auch strittig: BEHNISCH, Sobek, v. Gerkan, Jahn, Diener und Diener, CZECH, PRIX von Coop Himmelb(l)au. ADRIAN MEYER geht von vielleicht 15 Kollegen aus, die in der Lage seien, international mitzuhalten. Sobald es um deren tatsächliche Wirkung gehe, verringere sich die Zahl drastisch. „Klammert man den chinesischen oder arabischen Raum aus, gibt es ein erschreckendes Nichtvorhandensein im Rest der Welt", meint CHRISTOPH INGENHOVEN zum Bekanntheitsgrad deutschsprachiger Architekten. „Wir waren über die Jahre zu wenig international orientiert, weil wir so viel im eigenen Land zu tun hatten", entschuldigt FRITZ AUER die vergleichsweise geringe Anzahl deutscher Stararchitekten.

Unabhängig davon, wer ein international gefeierter Star sein mag oder nicht – objektiv lässt sich dies ohnehin nicht klären und auch wozu –, missfällt den meisten der 33 Architekten der Kult, der um berühmte Kollegen und ihre Bauwerke getrieben wird. Diese „sogenannten", „vermeintlichen", „abgehobenen" Stars haben nur eines zum Ziel, so die Kritik: Kunstwerke oder Denkmäler bauen, um sich dadurch selbst zu verwirklichen. „Eines der Probleme der Stararchitekten ist, dass sie gebucht werden, gerade weil sie immer wieder das Gleiche bauen – und zwar bis ins Letzte", weiß PAUL KAHLFELDT.

Und wenn es tatsächlich so sein sollte, dass die Bauherren die Schuld an der Wiederholungswut tragen? Beugen sich die Architekten, um berühmt zu werden? WOLF PRIX erzählt eine Anekdote: „Als Philip Johnson wieder einmal seinen bekannten Spruch ‚We architects are all prostitutes' anbrachte, habe ich mich wahnsinnig aufgeregt und gesagt: Das kann es nicht sein! Knapp vor seinem Tod hab ich ihm einen Brief geschrieben: ‚Du hast Recht, es stimmt, die Architekten haben sich zu Prostituierten gemacht. Ich will aber kein Street Hooker, ich will ein Callgirl sein.'"

> „EINES DER PROBLEME DER STARARCHITEKTEN IST, DASS SIE GEBUCHT WERDEN, GERADE WEIL SIE IMMER WIEDER DAS GLEICHE BAUEN – UND ZWAR BIS INS LETZTE."
> *(Paul Kahlfeldt)*

IMAGE

"ARCHITEKTEN, DIE SCHON SCHWIERIGKEITEN HABEN, EIN SCHÖNES FENSTER ZU BAUEN, DIE MACHEN EBEN WAS ANDERES. DIE BAUEN SCHÖNE BILDER."
(Paul Kahlfeldt)

Auch **MARKUS ALLMANN** steht dem Starrummel skeptisch gegenüber: „Selbstverständlich gibt es auch berühmte Architekten, die einen tollen Namen haben und tolle Sachen machen. Ist ja klar. Die stehen aber alle irgendwann vor dem Problem, dass sie sich selbst zitieren. Man muss sich in diesem Beruf jedoch permanent erneuern. Und das widerspricht der Markenbildung. Gerade deswegen ist der Starkult gerade etwas fraglich."

Einige Architekten zweifeln an der Qualität, die gefeierte Architekten produzierten. Einfaches, solides Bauen, das könnten die gar nicht mehr: „Architekten, die schon Schwierigkeiten haben, ein schönes Fenster zu bauen, die machen eben was anderes. Die bauen schöne Bilder", ist das Resümee der **KAHLFELDTS**.

Also welche gesellschaftliche Relevanz haben die prestigeträchtigen Bauten einer Handvoll Stararchitekten?, fragen sich die Kritiker, vor allem jene, die Zurückhaltung und Bescheidenheit zugunsten hoher baulicher und inhaltlicher Qualität fordern. Alles reine Marketinggebäude für Städte, Politiker, Investoren! Und es funktioniert. Mit Stars kann man sich zeigen. François Mitterand ließ sich gern mit den Architekten seiner Grands Projets d'Etat fotografieren, auch Helmut Kohl mit Axel Schultes, dem Architekten des Kanzleramts, so was zeigt Zukunftsorientierung. Unauffällige, dennoch qualitativ hochwertige Architektur und ihre Verfasser, die taugen dafür kaum. Mit ihnen kann man noch nicht einmal für Garagentore werben.

Fazit: Stararchitekten werden von der Mehrzahl der 33 Architekten kritisch betrachtet.

Warum nur? Die Vehemenz, mit der gegen sie gewettert wird, macht bisweilen skeptisch. Dabei verläuft die Demarkationslinie zu ihrem Revier gar nicht so eindeutig. Vor allem prädestiniert dazu keine bestimmte Handschrift, auch nicht nur exaltierte Verhaltensauffälligkeiten, wenn man die weiteren internationalen Anwärter mit Meier, Ando, Siza, Koolhaas, Nouvel, Sanaa, MVRDV oder BIG betrachtet. Man kann Stars nicht mit Marketing herstellen wie in der Popmusik („Deutschland sucht den Superstar"). Kommunikation gehört auf jeden Fall dazu, sicher. Die Wechselwirkung von Wettbewerben, Veröffentlichungen, Ausstellungen, Vorträgen, Büchern ist dafür unentbehrlich. So entsteht ein Biotop aus Talent, Zeitgeist, Chuzpe, Geschäftssinn oder Glück, das sich von einem Star kürzer oder länger kultivieren lässt. Das muss es geben, sonst würde sich kein Mensch über Architektur aufregen. Dietmar Steiner, Direktor des Architekturzentrums Wien, gestand in einem Interview (2001): „Ich bekenne mich zum Starsystem, weil die Architektur in den letzten 20 Jahren Teil der Kulturindustrie geworden ist. Und das Starsystem ist Teil dieser Kulturindustrie."

Die Antworten unserer 33 Architekten waren eindeutig. Stararchitekt zu sein, sei durchaus angenehm. Die Vorteile lägen auf der Hand: Freiere Entfaltung, willige und zahme Bauherren und – last but not least: Verewigung. „Ich kann mir gut vorstellen, dass sich die Kollegen danach sehnen, sich ein Denkmal zu setzen. Das ist die Tragik, die dem Beruf innewohnt", beruhigt **WOLF PRIX**, in dessen Büro es vor lauter Denkmälern nur so wimmelt.

CHRISTOPH INGENHOVEN erklärt den Sachverhalt mit aller Deutlichkeit: „Keiner bleibt freiwillig klein. Das ist Selbstrechtfertigung, die Kollegen da betreiben. Wenn die Kritik an der sogenannten Stararchitektur ausschließlich von den Leuten kommt, die nichts anderes bauen als sicherlich qualitativ Hochwertiges, aber insgesamt Unauffälliges, dann wird es ein bisschen schwierig. Gerade diejenigen, die das mit der großen Fahne vor sich hertragen, haben oft gezeigt, dass, sobald sie mal große Projekte durchführen durften, sie sich dann heimlich anderswo bedient haben. Einfach zu behaupten, die unauffällige Architektur sei die Richtige, ist falsch – und Gleiches gilt für die gegenteilige Behauptung."

„KEINER BLEIBT FREIWILLIG KLEIN. DAS IST SELBSTRECHTFERTIGUNG, DIE KOLLEGEN DA BETREIBEN. (...)"
(Christoph Ingenhoven)

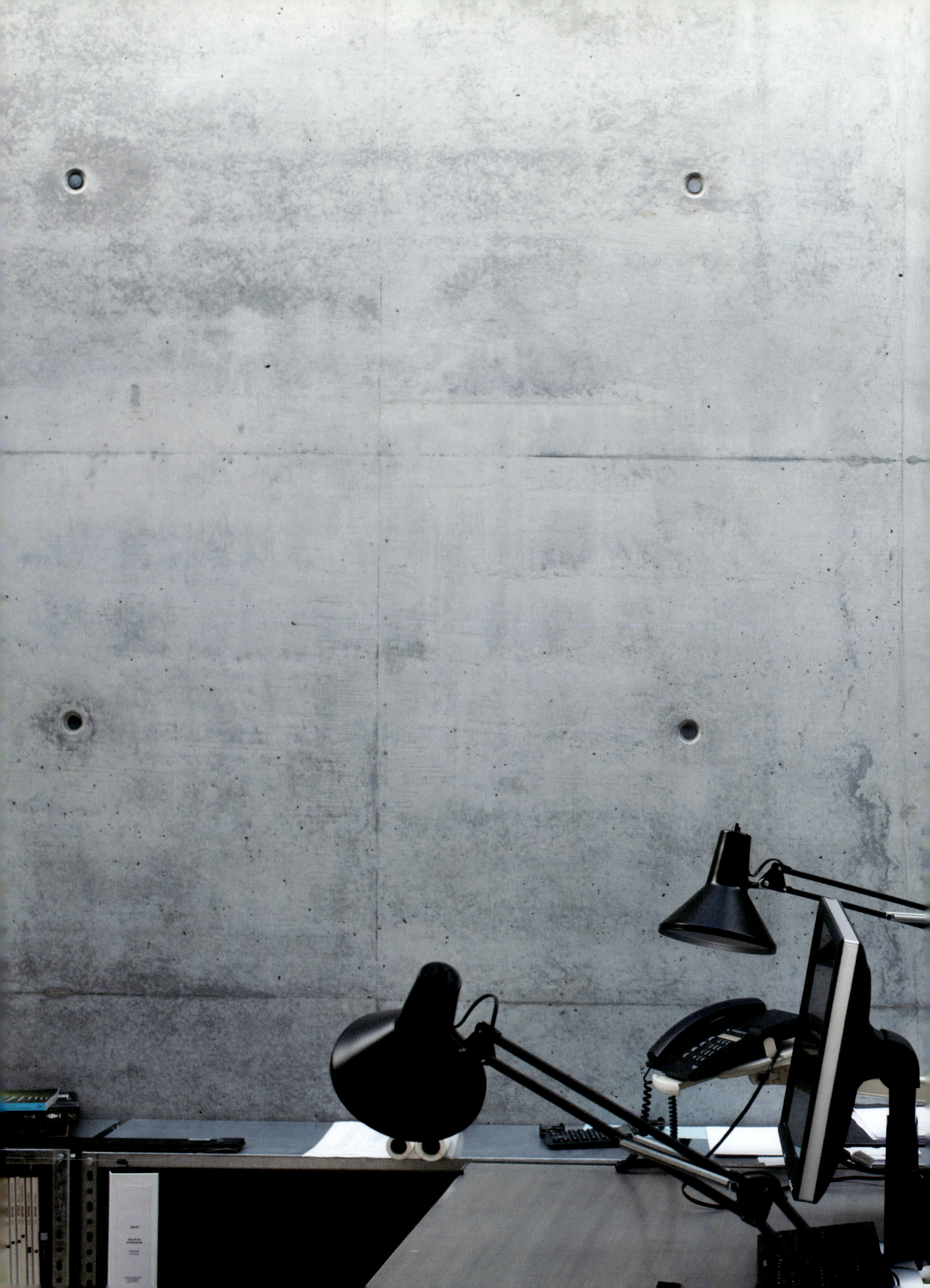

CARSTEN ROTH ARCHITEKT

ATELIER LÜPS

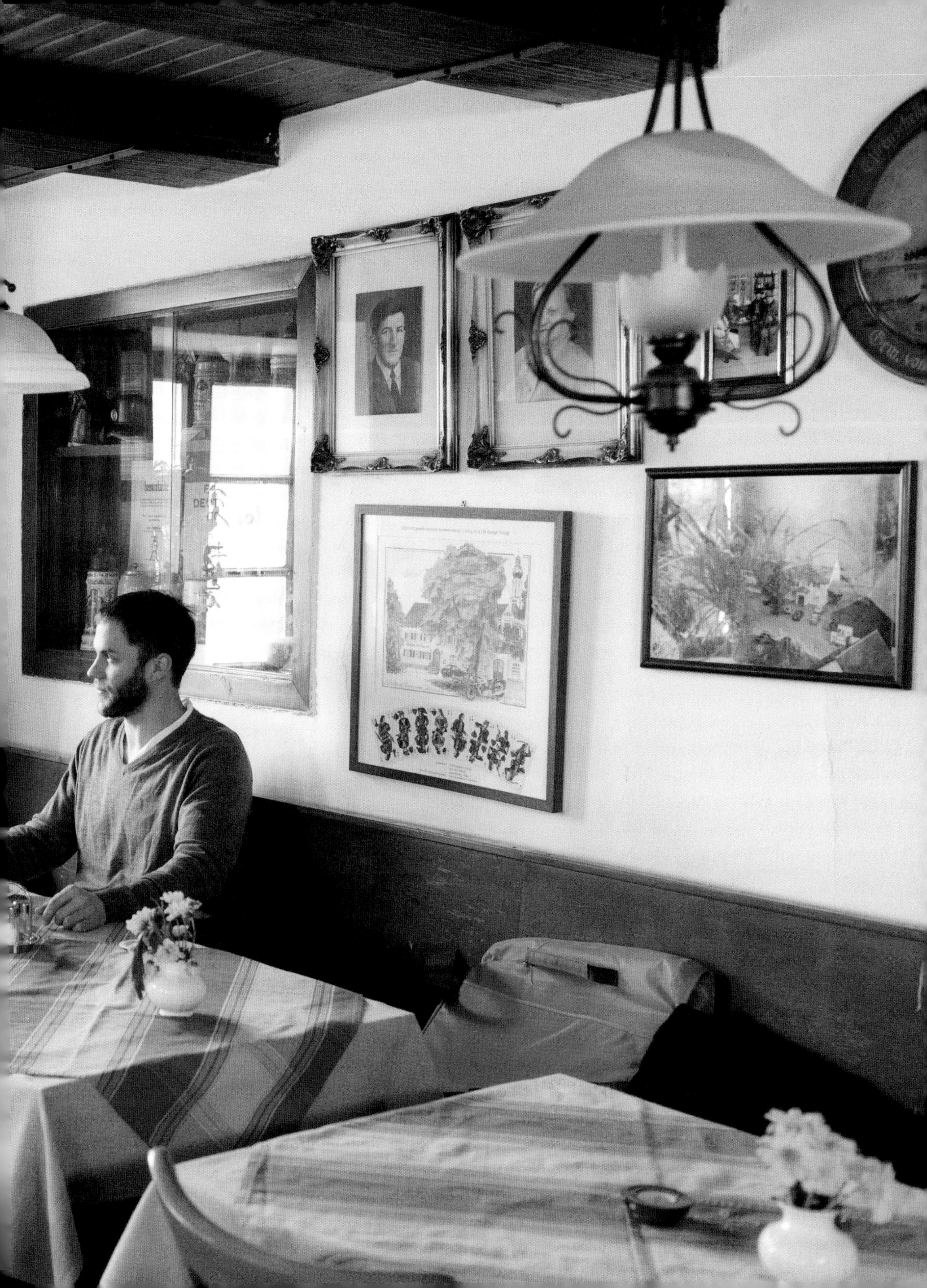

PROBLEME 3

HÜRDEN UND STOLPERSTEINE
AUF DEM WEG ZUM ERFOLG

NIKOLAUS BIENEFELD

PROBLEME

ALLEIN GEGEN ALLE – DIE KONKURRENZ SCHLÄFT NICHT

Wie in jedem Beruf gibt es auch für Architekten lästige, bisweilen quälende, mitunter gar existenzielle Probleme. Auffallend ist, dass von allen ungefragt dieselben genannt werden. Das lässt auf eine gewisse Allgemeingültigkeit schließen.

Ein Thema, das eklatant häufig angesprochen wird, ist der enorme Konkurrenzdruck unter Architekten. Im Gegensatz zu anderen europäischen Ländern besitzt Deutschland eine außergewöhnliche Architektendichte. Auf 675 Einwohner kommt hierzulande ein Architekt. Allein im kleinen Bundesland Hessen gibt es so viele Architekten wie in ganz Frankreich mit zehnmal mehr Einwohnern. Erschwerend wirkt, dass freiberufliche Architekten keinesfalls exklusiv alle Aufträge erhalten. Sie treten an gegen staatliche Planungs- und Bauunterhaltungsabteilungen, baugewerbliche Büros und die juristisch vielfältigen Konstruktionen der Bauträger, Generalplaner und Totalunternehmer.

Daneben existiert eine interne Leistungskonkurrenz. Gerade für öffentliche Aufträge ab einer gewissen Bausumme spielen Ideen- und Planungswettbewerbe eine große Rolle. Man unterscheidet offene, nicht offene, zweiphasige und kooperative Verfahren. Das Bundesministerium für Verkehr, Bau und Stadtentwicklung hat dafür zuletzt 2008 eine Richtlinie aufgestellt, die wiederum auf europäischer und internationaler Ebene fallweise abgestimmt werden muss. In der Präambel dieser RPW 2008 heißt es, dass dieses Auswahlverfahren „ein Zeit und Kosten sparendes Planungs- und Vergabeinstrument" darstelle. Sicher, für den Auslober, weil die Architekten mitunter mit Dutzenden, bei großen Aufgaben mit Hunderten von Kollegen kostenlos Entwürfe erarbeiten. Der finanzielle und zeitliche Aufwand ist enorm, die Anforderungen werden immer umfangreicher und können meist nur von größeren Büros gestemmt werden. „Ich als kleines Büro kann es mir nicht mehr leisten, an einem Wettbewerb teilzunehmen, es sei denn, ich werde eingeladen. Und das ist schon dramatisch", klagt NIKOLAUS BIENEFELD.

„Das Wettbewerbswesen ist eigentlich eine Frechheit", sagen die meisten Architekten. Und dennoch, sie verteidigen es mit einem sportlichen Masochismus, als sei es eine aufopferungsvolle Dienstleistung, mit der sie sich ein Mitspracherecht in kulturellen Angelegenheiten sichern könnten. Meinhard von Gerkan schwärmte gar einmal in einem Zeitschriftenartikel von einem „Jungbrunnen der Architektur". Es ist fatal: Alle machen mit, in der Hoffnung zu gewinnen. Dass Gleichgewicht von Angebot und Nachfrage scheint in eine Schieflage zu geraten. Gernot Feldhusen sieht einen Grund für die strapaziöse Teilnahme an Planungswettbewerben in der indirekten Chance zur Akquisition: „Wettbewerbserfolge, auch wenn sie nicht zu Aufträgen führen, sind ein gute Belege für berufliche Qualifikation, mit denen der Architekt legitim werben kann." Allerdings darf man dieses Lieblingsthema nicht überbewerten. Nur ein kleiner Teil Freiberufler – die erhältlichen Zahlen schwanken zwischen 3 Prozent (1982) und 27 Prozent (2001) – nimmt an Wettbewerben teil, gleichzeitig werden die Berufsverbände nicht müde, dieses Auswahlverfahren zur Auftragsvergabe zu verlangen.

Der Österreicher HERMANN CZECH fordert dagegen energisch eine komplette Überarbeitung dieses Systems, welches er insgesamt als Möglichkeit zwar für sinnvoll, in seiner Ausführung jedoch für falsch erachtet. Die Erwartung, die Vergabepolitik könne durch einen „Markt" geregelt werden, hält er für vollkommen unsinnig. Da setze ein ganzer Berufsstand einen nicht unerheblichen Prozentsatz seines Aufwands schlicht in den Sand, was natürlich enorme finanzielle und zeitliche Einbußen bedeute – von den psychischen Rückschlägen einmal ganz abgesehen, so Czech: „Die beste Architektur ist nicht immer die in drei Wochen gefundene Lösung, die ein Juror in zwei Minuten versteht." Konkret kritisiert er die Wettbewerbsanonymität: „Dieser Glaube, dass die Anonymität die Beurteilung erleichtert, ist falsch. Man stellt sich vor, ein Preisgericht könne unter Wettbewerbsprojekten das ‚beste' aussuchen wie ein Auto beim Händler – aber selbst da kenne ich den Hersteller, und überhaupt mache ich eine Probefahrt mit dem fertigen Auto. Noch schlimmer: Ich beurteile als Juror ja nur die ers-

„ICH ALS KLEINES BÜRO KANN ES MIR NICHT MEHR LEISTEN, AN EINEM WETTBEWERB TEILZUNEHMEN, ES SEI DENN, ICH WERDE EINGELADEN. UND DAS IST SCHON DRAMATISCH."
(Nikolaus Bienefeld)

ten Schritte einer Entscheidungsreihe. Und wenn ich die beurteilen muss, dann bin ich besser informiert, wenn ich weiß, von wem das ist, und wenn der oder die persönlich kommen kann und das auf Nachfragen erläutert. Das bringt viel mehr als wenn eine Jury ihre halbe Energie darauf verwendet, nachzudenken, von wem welcher Entwurf sein könnte."

Obwohl sie erfolgreich sind, klagt die Mehrzahl der 33 Architekten über den hohen Konkurrenzdruck, den sie durchzustehen hätten. Kein Wunder, wenn die Stimmung angespannt ist, was selbst in den größeren Büros bestätigt wird, so etwa von GUNTER HENN: „Unter uns Architekten herrscht Futterneid bis zum Umfallen. Etwa im Vergleich zu einem Arzt ist bei uns das Problem: Wir haben nicht so eine Kontinuität der Nachfrage. Bei uns ist nie ein Wartezimmer voll. Viele Kollegen haben eine unglaubliche Arroganz und Überheblichkeit, indem sie meinen, dass eigentlich nur sie die Sache richtig machen können. Wir sind immer in Konkurrenz zueinander, wir gönnen uns gegenseitig nichts."
HADI TEHERANI bestätigt: „Die meisten Kollegen gehen sich aus dem Weg. Es gibt offenbar einen unerklärlichen Neidvirus, der gemeinsame Aktionen und Interessen unmöglich macht. Das war aber auch schon vor 20 Jahren nicht anders. Ein fachlicher Austausch, etwa wie zu Bauhauszeiten, findet darum kaum statt."
Dieser Neid, glaubt STEFAN BEHNISCH, beruhe weniger auf wirtschaftlichen Motiven als auf der Eitelkeit vieler Kollegen: „In Deutschland herrscht ein harter Kampf, der nichts mit Broterwerb zu tun hat und oft unnötig ist. Das bringt mich zurück zur Eitelkeit, die in unserem Berufsfeld vorherrscht. Ich weiß nicht, ob Ei oder Henne vorher da waren, das heißt: Werden eitle Menschen Architekten, oder macht dieser Beruf Menschen eitel? Aber wahrscheinlich gehört Eitelkeit zu dem Beruf. Ich habe noch keinen uneitlen Architekten getroffen. Und wenn, dann hat er mit seiner uneitlen Art kokettiert. Bei uns ist schon eine komische Missgunst im Spiel; es ist doch erstaunlich, wie wenig deutsche Architekten international erfolgreich sind. Betrachten wir einmal die Welt, in der Kollegen und Kolleginnen zugange sind, die für uns alle eine echte Konkurrenz darstellen, da sind wir Deutschen ganz hinten dran."

Bisweilen pflegt man einen rauen Umgangston, bedauern einige Architekten, vor allem, dass sich zur Bewältigung der beruflichen Herausforderungen weltanschauliche Glaubensgemeinschaften gebildet haben. Da war die Unterscheidung in „vier Architektentemperamente", die der Architekt ausgewogen in sich selbst verarbeiten müsse, wie es Meinhard von Gerkan in seinem Buch „Die Verantwortung des Architekten" (1982) ausgeführt hat, ein frommer Wunsch. Heute haben sich scheinbar Fraktionen gebildet – Stein gegen Glas, Funktion gegen Kunst. Gehe man zu einem Fest bei Kollegen, werde man erstaunt gefragt, ob man sich verirrt habe, kristallisiert sich aus einem der Gespräche heraus.

Zugespitzt hatte sich diese klassische Kontroverse nach der Wiedervereinigung in Berlin. Damals erhielt die Architekturtheorie über Monate einen festen Platz im Feuilleton der großen Tages- und Wochenblätter, es gab fulminante Beiträge und Gegendarstellungen, der Ton war scharf, balancierte je nach Talent des Schreibers zwischen Sottise und Beleidigung. Diese Saat blieb fruchtbar und wird heute mit allen anstehenden Problemen vermischt. Gerade auf dem Themenfeld des ressourceneffizienten Bauens lassen sich zwischen schwerer Steintektonik und gläserner Technik-Fassade oder unauffälliger Ordnung und avantgardistischer Auffälligkeit hinterhältige Scharmützel austragen. „Die gute Stadt" ist das große Thema, an dem sich die Geister scheiden. Die ehemals politischen Ambitionen zu Bodenmonopol und Grundrente wurden abgelöst von der strittigen Forderung nach anmutiger Wiederherstellung des Vertrauten.

Einige Architekten empfinden den Umgang unter Kollegen allerdings ganz harmonisch. Es sind überwiegend jene, die in einem kleineren Büro arbeiten. Hier geht man freundlicher miteinander um, sagen sie. Man unterstützt und empfiehlt sich gegenseitig, gibt Tipps, vor allem was vertragliche Belange angeht.

PROBLEME

GUNTER HENN
„UNTER UNS ARCHITEKTEN HERRSCHT FUTTERNEID BIS ZUM UMFALLEN."

HADI TEHERANI
„DIE MEISTEN KOLLEGEN GEHEN SICH AUS DEM WEG. ES GIBT OFFENBAR EINEN UNERKLÄRLICHEN NEIDVIRUS, DER GEMEINSAME AKTIONEN UND INTERESSEN UNMÖGLICH MACHT."

STEFAN BEHNISCH
„WERDEN EITLE MENSCHEN ARCHITEKTEN, ODER MACHT DIESER BERUF MENSCHEN EITEL?"

JÓRUNN RAGNARSDÓTTIR
„UNTER KOLLEGEN SEHEN WIR UNS NICHT ALS KONKURRENTEN, DENN MAN KANN SEINE EIGENEN SACHEN NUR DANN REFLEKTIEREN, WENN INSGESAMT GUTE ARCHITEKTUR ENTSTEHT. DIE QUALITÄT IST EHER ANSPORNEND ALS HEMMEND."

HERMANN CZECH

„DIE BESTE ARCHITEKTUR IST NICHT IMMER DIE IN DREI WOCHEN GEFUNDENE LÖSUNG, DIE EIN JUROR IN ZWEI MINUTEN VERSTEHT."

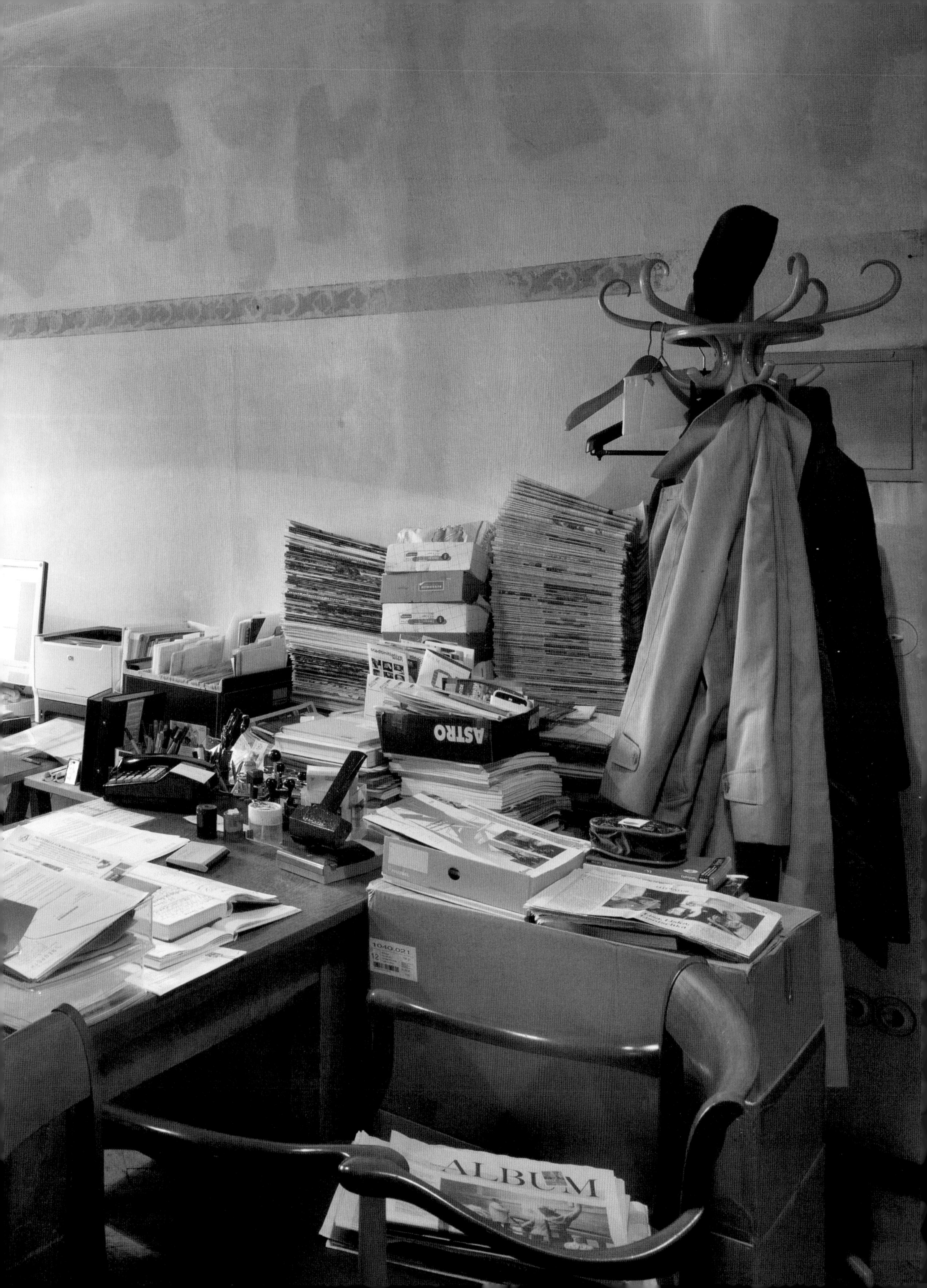
ALBUM

PROBLEME

Andere Architekten wiederum bewerten den Leistungswettbewerb durchaus positiv. „Unter Kollegen sehen wir uns nicht als Konkurrenten, denn man kann seine eigenen Sachen nur dann reflektieren, wenn insgesamt gute Architektur entsteht. Die Qualität ist eher anspornend als hemmend", sagt JÓRUNN RAGNARSDÓTTIR.
Auch wenn es sich statistisch nicht belegen lässt, sei die Bemerkung erlaubt: Frauen scheinen die Konkurrenzsituation deutlich entspannter und konstruktiver zu bewerten als ihre männlichen Kollegen.

AUFTRAGGEBER, INVESTOREN, MANCHMAL BAUHERREN

Kaum ein anderes Wort fällt während der Gespräche so häufig wie „Bauherr", näher bezeichnet mit den Attributen der schwierige, der penible, der sparsame, der vorsichtige, aber auch der kameradschaftliche, vertraute, freundliche und innovative.
Das Verhältnis Architekt–Bauherr, so wie es viele der Befragten darstellen, erinnert an das eines Paares auf Zeit – mit all seinen schönen, aber auch schattigen Seiten.
Bereits Fritz Schumacher, prominenter Baudirektor in Hamburg, hat dieses Bild (1916) bemüht: „Jede gute architektonische Leistung muss einer Art Ehe zwischen dem Bauherrn und dem Architekten entspringen, und ebenso wie in einer guten Ehe keiner der beiden Teile seine Persönlichkeit aufgeben braucht, sondern im Gegenteil die wertvollen Seiten der Persönlichkeit nur noch stärker zum Vorschein kommen, so ist es in der Baukunst."
Sicher ist, so eine Beziehungskiste verlangt von den Architekten viel Energie, positive wie negative. PETER HAIMERL sagt es mit einem Augenzwinkern: „Meine Devise lautet immer: Hör nie auf den Bauherrn, gehe dennoch auf ihn ein!" Die Bauherren, erklärt er, stünden ebenso wie die Architekten unter einem enormen Druck, verursacht durch endlose Normen und juristische Vorgaben. Nur sei die Umgangsweise mit diesem Problem unterschiedlich. „Gute Bauherren (ebenso Bauherrinnen), die um der Sache willen bauen, sind die Bauherren, die ich mir gern aussuche. Schlechte Bauherren sind Bauherren, denen es in erster Linie um bürokratische Abwicklung und Gewinnmaximierung geht. Das Verhältnis zwischen Architekten und Bauherren ist seit jeher ein schwieriges Thema. Gerade wenn es zum Streit kommt und Gutachter eingesetzt werden, kommt der Architekt schnell in Bedrängnis: Er kann sich dabei nicht mehr auf DIN-Normen verlassen. Zwischen Bauherren und Architekten herrscht eine Diskrepanz im fachlichen Verständnis. Man darf die Meinung des Bauherrn nicht völlig ignorieren, aber man muss über seine Vorstellungskraft hinaus Vorschläge erarbeiten, die ihr gerecht werden, ohne die eigene architektonische Integrität zu verraten. Ich bin in der glücklichen Position, bauen zu können, was mit meinen Vorstellungen von Architektur konform ist."

In allen Partnerschaften, selbst bei Liebespaaren, werden von den Beteiligten Kosten-Nutzen-Rechnungen aufgestellt. „Investitionen", die man in die Beziehung einbringt, gleichgültig ob emotionaler, zeitlicher oder wirtschaftlicher Natur, verrechnet man (meist unbewusst) mit den Investitionen des Gegenübers. Dabei werfen beide Partner Unterschiedliches in die Waagschale, um Gemeinsames anzustreben. Dann staunt der Architekt bisweilen, was von ihm erwartet wird. HAIMERL ist überzeugt, dass viele Bauherren gar nicht mehr wissen, was gute Architektur überhaupt ausmacht: „Die Architektur ist ja zurzeit miserabel wie noch nie in den letzten 500 Jahren. Und die Leute, was kennen die? Miserable Architektur. Die kennen Baumärkte und IKEA. Sie sind alle Laien. Deswegen kommen die meisten Bauherren daher und meinen genau zu wissen, wie es geht. Meistens bringen sie konkrete Bilder mit, z.B. den Erker vom Nachbarn oder dessen rotes Ziegeldach. Und das ist ein echtes Problem."
Nun können es sich unsere 33 Befragten aufgrund ihrer Reputation (oder eines ausgeprägten Selbstwertgefühls?) leisten, einen Auftrag gar nicht erst anzunehmen oder vorzeitig zu beenden, wenn er ihnen missfällt.
REGINA SCHINEIS beispielsweise weigert sich strikt, etwas zu bauen, was sie innerlich nicht vertreten kann, Toskanahäuser in Bayern gehören dazu. In den Bauten der KAHLFELDTS wird man keine Aluminiumfenster finden. So ken-

PETER HAIMERL

„ICH BIN IN DER GLÜCKLICHEN POSITION, BAUEN ZU KÖNNEN, WAS MIT MEINEN VORSTELLUNGEN VON ARCHITEKTUR KONFORM IST."

4A ARCHITEKTEN

„FRÜHER HAT MAN SICH BEI PROBLEMEN ZUSAMMENGESETZT UND ÜBERLEGT, WIE MAN SIE LÖSEN KANN. HEUTE STELLT MAN SICH EHER DIE FRAGE: WER TRÄGT DIE SCHULD?"

JAN KLEIHUES

„VIELE ARCHITEKTEN HABEN SICH SELBER ZU DESIGNERN DEGRADIERT. UND DA FRAGT SICH DER BAUHERR, WOZU BRAUCHE ICH NOCH EINEN ARCHITEKTEN?"

GRÜNTUCH ERNST ARCHITEKTEN

„MANCHE ARCHITEKTEN MACHEN JA NUR NOCH EIN BILD. DADURCH WIRD ARCHITEKTUR EINES TAGES ELIMINIERT, UND ES BLEIBT NUR NOCH COMPUTERVISUALISIERTES ÜBRIG, DAS GENAU SO LEER IST, WIE HALT SO EIN KLEINES BILD. ES IST NUR EIN ABBILD VON ARCHITEKTUR. ES WIRKT SEELENLOS." (ARMAND GRÜNTUCH)

PROBLEME

nen die meisten Architekten eine Linie, die sie nicht überschreiten werden. Das führt nicht unbedingt zur Verweigerung von Anfang an, reicht aber immer wieder für nette Mitteilungen im Feuilleton, wenn nach einer beendeten Zusammenarbeit Bauschilder abgehängt oder wenigstens Namen darauf gelöscht werden – bisweilen zugunsten eines Kollegen, der für seine leidenschaftslose Kostendisziplin oder Unempfindlichkeit für populäre Detaillösungen bekannt ist.

Kein Einziger unserer Befragten will Kompromisse gegen seine grundsätzliche Überzeugung eingehen. Es hat sich also in 100 Jahren nichts geändert. Man muss sich seinem Bauherrn anpassen, „ohne sich selbst zu verlieren", heißt es bei Schumacher, aber der Architekt, der wegen eines schnellen Erfolgs von seinen künstlerischen Forderungen abgeht, „ist bald verloren". Nicht nur, weil sein Werk kritischer Betrachtung nicht standhält, sondern weil man ihn für alle Mängel verantwortlich machen wird.

IDEAL: DEN WEG GEMEINSAM GEHEN

Eine besondere Herausforderung sei es deshalb, den Bauherrn mit auf den Weg zu nehmen, den man als Architekt gern einschlagen würde. Häufig können Bauherren ihre eigenen Vorstellungen gar nicht erkennen und erst recht nicht ausdrücken. Der Architekt begibt sich dann zuerst einmal auf die Suche nach der richtigen Umschreibung der Bauaufgabe. Ausgesprochen betreuungsintensiv wird das Verhältnis Architekt–Bauherr später in der Bauphase: „Der Übergang von Papier zur Wirklichkeit bietet viele Überraschungen. Die muss man kennen und erlebt haben. Da muss man die Bauherren manchmal fast therapeutisch begleiten", erklärt uns ARMAND GRÜNTUCH.

„Ein guter Architekt muss aufmerksam und neugierig zuhören können und viel Menschenkenntnis beweisen. Die Antwort auf die Fragestellung des Bauherrn lässt sich nur finden, wenn man dessen Wünsche und Träume verstanden hat. Man muss die Menschen dafür lesen und verstehen können." Diese Einstellung mag ein Erfolgrezept HADI TEHERANIS sein, denn: „Ich kann mich da auf alles (bezogen auf den Bauherrn) einstellen. Ich hör' mir an, was er im Sinn hat, und ich weiß auch gleich, ob er denkt, dass er dieses im Sinn hat oder ob er vielleicht etwas anderes meint, als er mir erzählt."

GUNTER HENN geht es darum, die Wahrnehmung des Bauherrn zu verändern, damit dieser Dinge erkennt, die er vorher so nicht gesehen hat: „Wir verlangen von unseren Bauherren, dass sie sich auf einen Denkprozess einlassen, indem wir zuerst das Unternehmen oder die Organisation neu entwerfen, bevor wir beginnen, das Gebäude zu entwerfen." Und auch bei GRÜNTUCH ERNST ist man der Meinung: „Man muss die Horizonte über die Erwartung des Bauherrn hinausdehnen, um dem auch weitere Möglichkeiten zu zeigen. Man sollte einen forschenden Optimierungswunsch haben."

IN DER KOSTENFALLE

Die Beziehung zwischen Architekt und Bauherr läuft aus dem Ruder, wenn der Auftraggeber wie selbstverständlich Leistungen verlangt und nicht bereit ist, sie zu honorieren. MARKUS ALLMANN führt diesen zunehmenden Sittenverfall auf die fehlende Balance zwischen Angebot und Nachfrage zurück: „Die Konkurrenz ist groß, und es gibt immer mehr Bauherren, die sich dies zunutze machen und davon ausgehen, dass man als Architekt zunächst einmal kostenlos eine Idee liefert, um ins Geschäft zu kommen. Das liegt natürlich auch an einem falsch verstandenen Idealismus und mangelndem Selbstbewusstsein der Architekten. Angebot und Nachfrage von Architektenleistungen stehen eben in einem schlechten Verhältnis. Es ist eine übliche Falle für Ausübende kreativer Berufe, dass sich ideelle Werte nicht bemessen lassen und sie als kostenlose Beigabe gesehen werden. Im Wettbewerbswesen gibt es zudem die bedauerliche Entwicklung, dass Leistungen gefordert werden, die eigentlich gar nicht notwendig wären für die Projektvergabe, aber teilweise fertigen Entwürfen entsprechen."

> *„DER ÜBERGANG VON PAPIER ZUR WIRKLICHKEIT BIETET VIELE ÜBERRASCHUNGEN. DIE MUSS MAN KENNEN UND ERLEBT HABEN. DA MUSS MAN DIE BAUHERREN MANCHMAL FAST THERAPEUTISCH BEGLEITEN."*
> *(Armand Grüntuch)*

HADI TEHERANI

„DIE ANTWORT AUF DIE FRAGESTELLUNG DES BAUHERRN LÄSST SICH NUR FINDEN, WENN MAN DESSEN WÜNSCHE UND TRÄUME VERSTANDEN HAT. MAN MUSS DIE MENSCHEN DAFÜR LESEN UND VERSTEHEN KÖNNEN."

MARKUS ALLMANN

„DIE KONKURRENZ IST GROSS, UND ES GIBT IMMER MEHR BAUHERREN, DIE SICH DIES ZUNUTZE MACHEN UND DAVON AUSGEHEN, DASS MAN ALS ARCHITEKT ZUNÄCHST EINMAL KOSTENLOS EINE IDEE LIEFERT, UM INS GESCHÄFT ZU KOMMEN."

MUCH UNTERTRIFALLER

„DIE LOTEN DAUERND AUS, WIE WEIT DU BEREIT BIST, DIE QUALITÄT HERUNTERZUSCHRAUBEN. DAS WIRD IMMER SCHLIMMER. DESWEGEN NEHMEN SIE DEN ARCHITEKTEN AUCH IMMER MEHR VON IHREN LEISTUNGSBILDERN WEG, DAMIT SIE DANN EINFACH BAUEN KÖNNEN, WIE SIE WOLLEN."

JÜRGEN BÖGE

„DEN BAUHERRN IM KLASSISCHEN SINN GIBT ES JA FAST NICHT MEHR. MAN HAT MIT GREMIEN ODER PROJEKTSTEUERERN ZU TUN. ALLERDINGS HABEN WIR INNERHALB DIESER GREMIEN IMMER WIEDER STARKE PERSÖNLICHKEITEN ERLEBT, DIE EIN TOLLES PROJEKT ERMÖGLICHEN."

PROBLEME

AUSFÜHRUNGSPLANUNG – WOZU EIGENTLICH?

Nahezu alle Architekten – Ausnahmen sind einige Vorarlberger und Schweizer – beschweren sich über die Widrigkeiten, mit denen sie auf den Baustellen konfrontiert sind. Die Bauzeiten werden verkürzt, die handwerkliche Qualität lässt nach, nicht selten muss man mit ungelernten Arbeitern vorlieb nehmen. 4A ARCHITEKTEN formulieren ihre Erfahrungen drastisch so: „Handwerker sind häufig unterversorgt mit Materialien. Bei manchen hat man das Gefühl, sie sind gerade erst aus dem Knast gekommen."

Begründet werden die unbefriedigenden Umstände vor allem mit den Sparmaßnahmen der Bauherren: „Die loten dauernd aus, wie weit du bereit bist, die Qualität herunterzuschrauben. Das wird immer schlimmer. Deswegen nehmen sie den Architekten auch immer mehr von ihren Leistungsbildern weg, damit sie dann einfach bauen können, wie sie wollen", sagt MUCH UNTERTRIFALLER.

Schreiner und Fassadenbauer lieferten häufig noch die beste Qualität. Die meisten Defizite gibt es bei den Baustoffen für massive Wände. „Ein wirklich gut verarbeiteter Beton ist schwierig zu finden. Die aus dem Rohbau zu kompensierenden Toleranzen sind so hoch, dass der Ausbau vielfach umgeplant werden muss", berichtet MARKUS ALLMANN.

Die guten Gewerke sind auch entsprechend teuer – und gerade bei öffentlichen Bauten, da muss gespart werden, da haben alle die gleichen Erfahrungen gemacht.

BEDINGT ABWEHRBEREIT

Es scheint, als mache sich im Verhältnis Architekt–Bauherr eine große Verunsicherung breit. Bauherren zeigen keine Entscheidungsfreude mehr und wollen sich zunehmend absichern. Läuft etwas in falsche Bahnen, schiebt man sich gegenseitig die Schuld zu. Die Folge: Beide Seiten suchen ihr Heil bei Juristen und in DIN-Normen. „Ich bedaure sehr, dass der ganze Prozess der Bauens unheimlich formalisiert und stark verjuristet wurde", sagt VOLKER STAAB.

Größere Büros haben in ihren Mitarbeiterstab bereits einen Justiziar aufgenommen, da die rechtlichen Auseinandersetzungen erheblich zugenommen haben. Bei ihnen gibt es wie selbstverständlich Geschäftsführer als Partner, die nichts mehr mit Entwurf und Planung zu tun haben, sondern sich nur noch um das Kleingedruckte kümmern. Akquisition, Management und Marketing sind Aufgabenfelder, die man während des Studiums kaum betreten hat. Das lässt sich jetzt mit Beratungsfirmen nachholen, falls man sich nicht im Selbststudium – es gibt dazu eine Fülle von Fachliteratur – zum Unternehmer in der „Kreativwirtschaft" fortbilden möchte.

Besonders hart wird die Auseinandersetzung, wenn die Pläne schließlich auf der Baustelle ausgeführt werden. Diese Phase ist bei vielen Architekten kritisch. Die einen sind fasziniert, wenn ihre Ideen Gestalt annehmen, greifbar, sichtbar, erlebbar werden, die anderen empfinden diese Phase als die nervenaufreibendste, denn jetzt müssen Entscheidungen getroffen werden, die kaum umkehrbar sind: Durchbrüche, Anschlüsse, Oberflächen, Verbindungen, Farben, endlose Detaillösungen, die beim Zusammentreffen der Gewerke geklärt werden müssen.

Die Bauleitung bringt so viele Probleme mit, dass einige der Befragten sie gern an entsprechende Dienstleister abgeben. WOLF-ECKART LÜPS erklärt: „Das ist so anstrengend und frisst so viel Kraft, dass man für das Konzeptionelle weniger Muße hat. Früher war das eher eine baumeisterliche Aufgabe, wo man viele Entscheidungen am Ort getroffen hat. Heute jedoch muss alles vorgedacht sein, Kosten, Normen, Termine. Das erfordert eine ungeheure organisatorische Begabung und Disziplin."

In der Ausführungsphase beginnt mancher Bauherr, kleinlich nach Fehlern zu suchen. „Kinder streben nach Lösungen, Erwachsene nach Lücken", konstatieren 4A ARCHITEKTEN. Diese nahezu zwanghafte Suche nach möglichen Fehlern sei weniger Ausdruck von Misstrauen als einer gewissen Angst und der Unfähigkeit, offene, nicht bis ins Detail festgelegte Prozesse vertrauensvoll zu begleiten. Bauherren sollten sich hier konstruktiver einbringen, anstatt sich ausschließlich auf Rechtsanwälte, auf Normen und Bestimmungen zu verlassen, fordern 4a Architekten.

„KINDER STREBEN NACH LÖSUNGEN, ERWACHSENE NACH LÜCKEN."
(4a Architekten)

„ICH ARBEITE UND WEISS DIE REAKTION AUF MEINE ARBEIT. MEIN LEBEN GEHT IMMER NACH VORNE WEG. ICH HABE EINEN KLAREN KOPF, UND WENN DU DEN HAST, DANN WEISST DU AUCH, WARUM DU ERFOLG HAST."
(Hadi Teherani)

Gleichzeitig räumen sie eine gewisse Teilschuld an dieser Entwicklung ein: „Da mangelt es an der Kommunikationsfähigkeit der Architekten. Das müssen wir dazulernen. Früher hat man sich bei Problemen zusammengesetzt und überlegt, wie man sie lösen kann. Heute stellt man sich eher die Frage: Wer trägt die Schuld? Das erfordert dann beim Bauherrn auch die Bereitschaft zum Zuhören, das ist leider nicht immer der Fall."

AUF DER SUCHE NACH DEM VERLORENEN BAUHERRN

Die Beziehung Architekt–Bauherr erweist sich nicht selten als Spagat. Wohl dem Architekten, der sich in einer derart privilegierten Position befindet, dass Auftraggeber um ihn buhlen – und er weitgehend uneingeschränkt und entspannt arbeiten kann. Doch welcher unserer 33 Architekten wird dies schon von sich behaupten, fragen wir uns im Stillen: Prix? Behnisch? BRT Architekten? Ingenhoven?

Regelmäßig wird kolportiert, dass sich Bauherren mit bestimmten „Signature-Buildings" schmücken wollten, aber was die Foster-Gehry-Hadids dann im Clinch mit Subalternen aushalten mussten, blieb bislang verborgen. Die Epoche der Schönborns als mäzenatische Auftraggeber ist jedenfalls lange vorbei. Man ist ja schon froh, wenn man, unabhängig, wie kompliziert und anstrengend die Beziehung zu einem Bauherrn auch sein mag, noch einen findet. „Den Bauherrn im klassischen Sinn", so JÜRGEN BÖGE, „gibt es ja fast nicht mehr. Man hat mit Gremien oder Projektsteuerern zu tun. Allerdings haben wir innerhalb dieser Gremien immer wieder starke Persönlichkeiten erlebt, die ein tolles Projekt ermöglichen." Auch ARMAND GRÜNTUCH klagt: „Es gibt ein absolutes Grundübel des Bauens in den letzten Jahrzehnten. Der Bauherr als Teil eines Gesamtwerks, der ist in den letzten Jahren verlorengegangen. Oft wissen wir nicht einmal mehr, wer der Nutzer ist. Der ist anonym."

„Leider gibt es fast nur noch Investorengruppen, die mehr Interesse daran haben, dass sich das Projekt schnell dreht, als an Qualität. Das ist ein Riesenproblem für die Qualität in der Architektur", sagt JAN KLEIHUES und bezieht sich dabei explizit auf die öffentlichen Bauaufträge.

Diese Entwicklung wird seit Langem beklagt, nachzulesen bei Meinhard von Gerkan in „Die Verantwortung des Architekten". Dass Architektur als Handelsware betrachtet wird, gehört zu den Konstanten, mit denen man rechnen muss. Von Gerkan sieht einen Ausweg, wenn die entscheidenden Stellen mit qualifizierten, engagierten Fachleuten besetzt werden, zu denen der Architekt einen persönlichen Bezug herstellen kann. Meist ist jedoch das Gegenteil der Fall. Wenn der Bauherr durch Bauherrenvertreter und Projektmanager abgelöst wird, bedeutet das häufig auch das Nachlassen von Engagement und Motivation. ANTON NACHBAUR stellt fest, dass die Bereitschaft, sich mit einem Objekt zu identifizieren, deutlich sinkt: „Ein Bauherr hingegen identifiziert sich mit dem, was für ihn gebaut wird, nicht bloß, weil er es bezahlt, sondern es auch persönlich nutzt und belebt."

MIT DEM MUT DER VERZWEIFLUNG

Der Feind steht ringsum: die Investoren, die Lobby der Bauindustrie, die Politik – alles gefährliche Einflussgrößen. Der Gewinn steht im Vordergrund, kulturelle Belange rücken in den Hintergrund. Architekten verlieren an Kompetenz und Bedeutung. Sie werden zunehmend fremdbestimmt. Manchmal werden von ihnen nur noch flotte Renderings erwartet. Die entscheidenden Leistungsphasen, in denen sich die Qualität eines Bauwerks entscheidet, nehmen ihnen Generalplaner oder die Praktiker in den Bauabteilungen der Gemeinden ab. Mit richtiger Architektur im klassischen Sinn habe das nichts mehr zu tun, empören sich die meisten der Befragten.

„Ich finde es tragisch, dass sich Architekten immer mehr auf ein ganz schmales Feld reduziert haben", klagt beispielsweise ARMAND GRÜNTUCH. „Manche Architekten machen ja nur noch ein Bild. Dadurch wird Architektur eines Tages eliminiert, und es bleibt nur noch Computervisualisiertes übrig, das genau so leer ist, wie halt so ein kleines Bild. Es ist nur ein Abbild von Architektur. Es wirkt seelenlos." Architektur sei ja schließlich eine Gesamtsicht, die alle

PROBLEME

Sinne stimulieren solle. „Viele Architekten haben sich selber zu Designern degradiert. Und da fragt sich der Bauherr, wozu brauche ich noch einen Architekten? Da stelle ich doch einen Projektsteuerer ein. Der Architekt wird immer entbehrlicher", bedauert JAN KLEIHUES.

Kritisch wird von vielen Architekten die Reduktion ihrer Tätigkeit auf die Entwurfsphase bewertet: „Ich vergleiche das mit ‚Stille Post', dem Spiel der Kinder. Wenn man in den Leistungsphasen die Information von Team zu Team weitergibt, dann kommt zum Schluss einfach was anderes an, oder es ist verzerrt. Außerdem kann man Herzblut ganz schwer übertragen", meint ALMUT ERNST.

Das Fatale an dieser misslichen Lage: Zum großen Teil tragen die Architekten selbst die Schuld daran. „Tja", konstatiert NIKOLAUS BIENEFELD, „sie haben sich das Heft aus der Hand nehmen lassen." Noch fataler aber ist: Sie wissen es, nur ändern sie nichts. ADRIAN MEYER, der sich mit dieser Thematik auch in Zeitschriftenartikeln engagiert, führt diese Agonie auf einen übertriebenen Respekt vor dem Bauherrn zurück.

„Wenn Architekten nicht gerade zu den Stars zählen, dann schweigen sie lieber, weil sie das Gefühl haben, wenn ich mich äußere, könnte ich vielleicht Schwierigkeiten mit der großen Baugesellschaft XY bekommen."

SELBSTVERTRAUEN IST GUT, ERFOLG IST BESSER

Wenn man zu den bekanntesten und/oder erfolgreichsten Architekten im deutschsprachigen Raum zählt, sollte sich ein ausgeprägtes Selbstvertrauen eingestellt haben. Könnte man meinen. Schließlich haben diese Menschen viel Bestätigung erfahren, sei es durch gute Kritiken, Auszeichnungen, gewonnene Wettbewerbe oder verantwortungsvoll gelöste Bauaufgaben. Der Weg nach oben ist ihnen gelungen – was sich nicht nur objektiv an Umsatz und Bauvolumen messen lässt, sondern auch in subjektiver Hinsicht: wenn sie mit dem, was sie erreicht haben, grundsätzlich einverstanden sind.

Eine solche Grundzufriedenheit kennen nahezu alle der 33 Architekten. Kein Einziger erweckte im Lauf der Gespräche den Eindruck, er hätte lieber einen anderen Beruf ergreifen sollen. Im Gegenteil, man spürte Begeisterung und Leidenschaft, auch bei den älteren Architekten.

Aber nicht jeder darf sich so mit Selbstvertrauen wappnen wie zum Beispiel HADI TEHERANI. Der Mann steht mit beiden Beinen im Leben, er kann sich an keine Rückschläge erinnern. Erfolg ist für ihn der Normalfall. „Man sollte seine Arbeit realistisch einschätzen, Reaktionen und Resonanzen vorhersehen können. Misserfolge beim Publikum sind anders nicht zu vermeiden. Konsequente Arbeit ist erst möglich, wenn man weiß, warum man Erfolg hat." Teheranis Ausstrahlung, seine Mimik, seine Körperhaltung, das Ambiente, in dem er sich so selbstsicher und zuversichtlich bewegt – das passt zusammen. Doch gleichzeitig spürt man eine gewisse Verklärtheit (oder Abgehobenheit). Wo ist der Boden unter den Füßen, fragen wir uns, fürchtet er nicht, dass sein Auftreten auch als Arroganz ausgelegt werden könnte? „Ich weiß immer, wo ich stehe, wer ich bin, warum ich da bin, wo ich bin. Deswegen kann keine Arroganz aufkommen."

Uneingeschränkte Selbstsicherheit bleibt die große Ausnahme. Gleichgültig ob es sich um größere oder kleinere Büros handelt, Zweifel, dass alles glatt, gerade und bergauf verlaufen wird, hegen die meisten Architekten. Die Unsicherheiten rühren von der enormen Verantwortung, die auf ihnen lastet.

VERANTWORTUNG TRAGEN

Wenn wir den Architekten in ihren Büros gegenübersitzen mit Blick auf die Mitarbeiter, für die zu sorgen ist, und auf die zahlreichen Projekte, die vorangetrieben werden müssen, wenn wir an die unterschiedlichen Leistungsphasen mit den zahlreichen Beteiligten denken, ahnen wir die möglichen Fallen, die sich für Architekten stellen. Erschwerend

„ABSTÜRZE, DAS HEISST VERLORENE WETTBEWERBE, VERNICHTENDE KRITIKEN KÖNNEN MICH KURZFRISTIG IRRITIEREN, AUFWÜHLEN. SCHLUSSENDLICH SIND DIESE NIEDERLAGEN ABER EINE GEHÖRIGE MOTIVATIONSSPRITZE: NUN ERST RECHT WEITERMACHEN!"
(Meinrad Morger)

CHRISTOPH INGENHOVEN

PROBLEME

kommt hinzu: In keinem anderen Land haftet ein Architekt für etwaige Fehler, die er begeht, so sehr wie in Deutschland. Er übernimmt nach § 421 BGB die gesamtschuldnerische Haftung gegenüber dem Bauherrn und – die Juristensprache ist hier geradezu entlarvend – gilt nach § 278 BGB als „Erfüllungsgehilfe des Bauherrn". Diese Verantwortung ist nicht nur lästig, sondern auch derart komplex, dass sie bevorzugt Juristen zur Klärung übertragen wird.

AN ERFOLG GLAUBEN

Doch es ist nicht nur das Risiko der Verantwortung, was die Architekten begleitet. Haben sie nicht auch manchmal Angst, die Erfolgsserie könnte auf einmal abreißen?
CHRISTOPH INGENHOVEN lacht und überlegt eine Weile. „Schwierig", sagt er schließlich. „Angst hat jeder. Es stellt sich nur die Frage, welche Form diese Angst einnimmt. Sie gehört zum menschlichen Leben dazu. Das ist ein gesundes Gefühl, bis es eine bestimmte Grenze überschreitet. Ich mach' mir schon auch so meine Gedanken, aber ich kann noch gut schlafen – das konnte ich immer. Das hängt damit zusammen, dass ich ein sehr disziplinierter Mensch bin. Ich kann mich gut dazu zwingen, zu arbeiten und Dinge zu Ende zu denken. Das ist schon mit Mühe und Selbstüberwindung verbunden. Aber irgendwie schaffe ich das. Das führt auch dazu, dass ich nachts arbeite. Und wenn ich es dann geschafft habe, ist es auch gut, dann kann ich auch gut schlafen. Da sieht man, die Angst überwältigt mich nicht."
Dem Erfolg möglicherweise nicht gerecht oder von ihm überrannt zu werden, dieses Gefühl hatte Ingenhoven schon früh erfahren. Mit gerade mal 25 Jahren hatte er, noch ohne Zulassung als Architekt, den Wettbewerb für die Oberpostdirektion in Köln gewonnen. „Ich glaube, dass ich in meinem Berufsleben – vor allem am Anfang permanent – überfordert war und das bis heute eigentlich bin. Das heißt, die Steigerung war relativ radikal und ist bis heute noch anhaltend. Ich habe eigentlich nie gelernt, was ich gemacht habe", gesteht er. Damit bleibt er nicht allein, denn das, was man in der Praxis als selbstständiger Architekt braucht, erfährt man nicht beim Studium an der Hochschule. Sind dann die Architekten eigentlich alle überfordert? Ingenhoven lacht abermals: „Ja, es könnten alle ein bisschen überfordert sein."

MEINRAD MORGER verspürt keine Angst vor einem möglichen Absturz, „denn ich bin überzeugt von den inhaltlichen Qualitäten unserer Arbeit. Abstürze, das heißt verlorene Wettbewerbe, vernichtende Kritiken können mich kurzfristig irritieren, aufwühlen. Schlussendlich sind diese Niederlagen aber eine gehörige Motivationsspritze: Nun erst recht weitermachen! Nein, warum auch? Ich fürchte mich nicht vor der nachfolgenden Architektengeneration. Viele unserer ehemaligen Mitarbeiterinnen und Mitarbeiter sind inzwischen erfolgreiche selbstständige Architektinnen und Architekten geworden, haben sich entwickelt und ihre eigene Architektursprache gefunden. Das ist wichtig und gut so!"

„ANGST HAT JEDER. ES STELLT SICH NUR DIE FRAGE, WELCHE FORM DIESE ANGST EINNIMMT. SIE GEHÖRT ZUM MENSCHLICHEN LEBEN DAZU. DAS IST EIN GESUNDES GEFÜHL, BIS ES EINE BESTIMMTE GRENZE ÜBERSCHREITET."
(Christoph Ingenhoven)

ARBEITSPLÄTZE

GRAFT ARCHITEKTEN

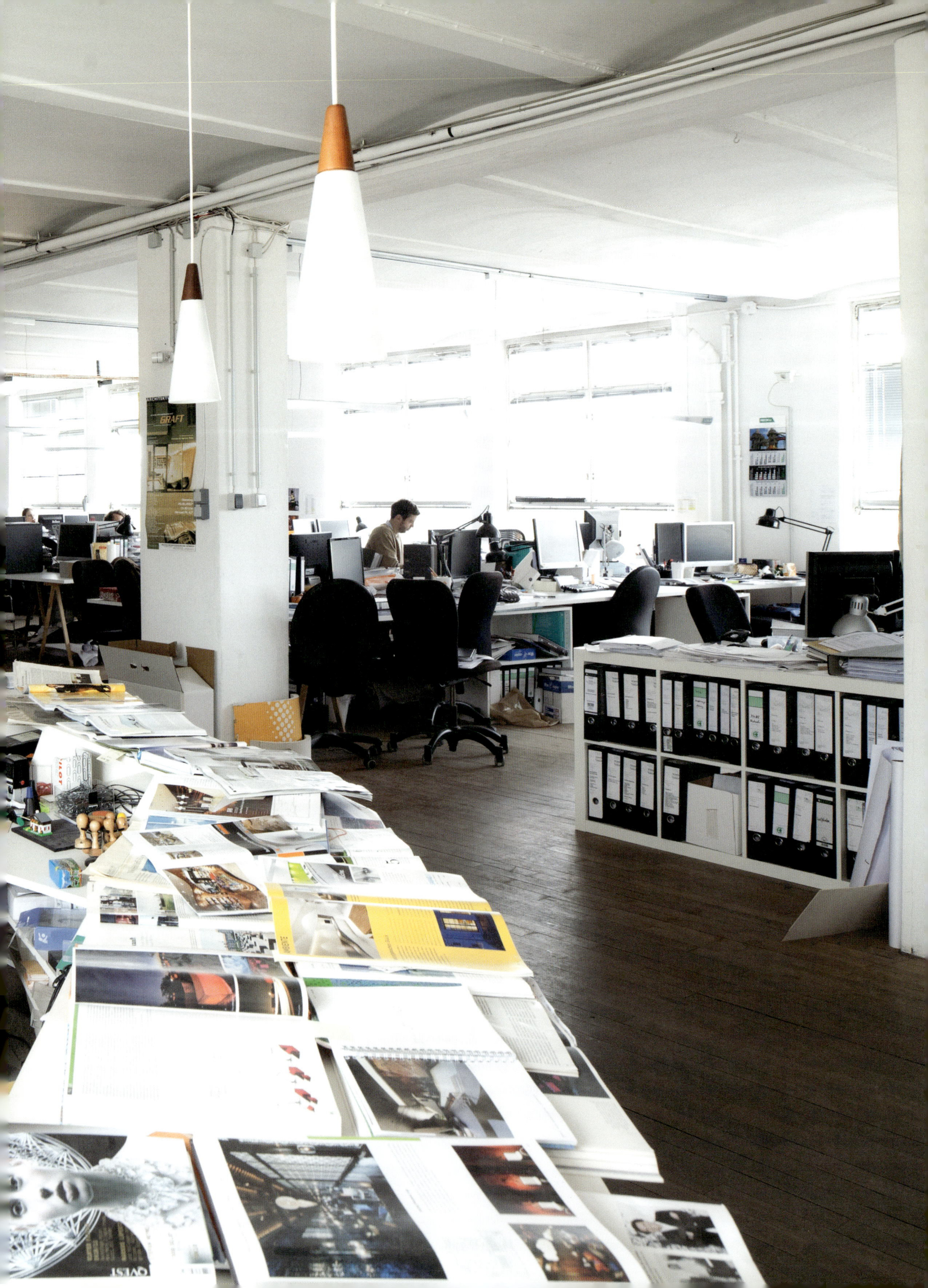
GRAFT

4 KREATIVITÄT

ZWISCHEN EINGEBUNG UND EINSCHRÄNKUNG
– EINE ART SCHÖPFUNGSGESCHICHTE

TAGES ARBEIT! ABENDS GÄSTE!
SAURE WOCHEN! FROHE FESTE! (J. W. Goethe)

Wenn ein Autor einen Text zum Thema Kreativität schreiben soll, hat er mit dem Architekten eines gemeinsam: er sitzt vor einem weißen Blatt Papier und grübelt. Die Aufgabe ist gestellt, nun gilt es zu überlegen, wie das Werk aufgebaut wird und wie es am Ende aussehen könnte. Der Autor baut sich ein Gerüst, skizziert die Geschichte und entwickelt sie gleichzeitig weiter. Die ersten Worte wollen nicht so recht einfallen, sie werden immer wieder gelöscht, überschrieben, bis der erste Satz steht. Der Architekt nähert sich seinem Projekt möglicherweise mit ein paar Strichen, mit vergleichbaren Bildern, oder er kramt in seiner Erinnerung und formuliert, noch tastend, einige Assoziationen. Er befindet sich in der Entwurfsphase, jener Phase, in der das, was entstehen soll, sich allmählich herausbildet.

Für die meisten Architekten ist diese Zeit die spannendste und interessanteste, bisweilen aber auch eine quälende. Der Laie erwartet, dass der Baukünstler dabei das nebulöse Reich der Kreativität betritt, dass sein Talent Funken schlägt und er die über ihn hereinbrechenden künstlerischen Anfechtungen nur noch mühsam zu nutzbaren Gehäusen bändigen kann. Das ist falsch. Schon von der Definition her. Im Zentrum der Kreativität steht zwar die Originalität, aber sie würde zu willkürlichen Artefakten führen. Kreativität erfordert zwar „eine weitschweifige, zerstreute Art der Aufmerksamkeit, die unseren normalen Denkgewohnheiten widerspricht", wie es der Psychologe und Kunsthistoriker Anton Ehrenzweig beschrieben hat. Aber sie muss sich immer am Kriterium der Angemessenheit orientieren, weil sie sonst zu unsinnigen Handlungen und Ergebnissen führen würde.

Es wundert also gar nicht, wenn JAN KLEIHUES gesteht, dass ein Haus auf der grünen Wiese zu entwerfen, zu den schwierigsten Aufgaben zählt, die ein Architekt zu bewerkstelligen hat. Für seine Kreativität benötige er das entsprechende Umfeld, am besten ein urbanes. „Ich versuche immer, an dem Ort die Inspiration zu finden, deshalb fällt es mir immer sehr schwer, an einem Ort etwas zu machen, wo es nichts gibt. Da stelle ich mir die Frage nach Bauvolumen, nach Tradition, nach Geschichte und das alles zusammen erleichtert all die Überlegungen."

Es ist also kein Beweis besonderer Kreativität, wenn ein Architekt ein noch nie dagewesenes Riesen-Furunkel entwirft und es als Haus der Zukunft ausgibt. Kreativität, erläutert der Psychotherapeut Rainer Holm-Hadulla, sei nämlich nichts anderes als eine Neukombination von Informationen mit dem Ziel, ein Problem bzw. eine Aufgabe zu lösen. Und er ernüchtert uns weiter: „Große Kreativität entsteht nicht nur aus Talent, sondern aus zähem Interesse und geduldiger Arbeit."

Man könnte glauben, diese Definition sei geradewegs auf Architekten gemünzt. Nicht nur, dass ihre Kunst fast ausschließlich prosaischen Zwecken dienen muss und erst durch die pragmatische Hilfe der Fachingenieure standfest und dauerhaft wird, sie wird auch durch vertrackte Festlegungen in Bebauungsplänen und Ortsbausatzungen oder das Einreden der Genehmigungsbehörden und Gestaltungsbeiräte geläutert. Kreativität besteht deshalb bisweilen aus Bauernschläue, um alle hinderlichen Konditionen zu interpretieren. Das muss nicht unbedingt zum Nachteil der Architektur sein.

Deshalb sei noch eine weitere Bemerkung vorausgeschickt. Kreativität ist an keine bestimme Architekturauffassung gebunden oder vom Maßstab anhängig. „Über ästhetische Potenz und Wirksamkeit verfügt die Architektur nicht allein in der imposanten und lautstarken Erscheinung eines einmaligen Bauwerks, das in der Kontemplation bestaunt werden will", warnte Fritz Neumeyer in einem Vortrag an der TU Berlin. Auch die stille, beiläufige Stadtergänzung verlangt großes schöpferisches Talent. Vittorio Magnago Lampugnani folgerte in seiner umstrittenen Schrift Die Modernität des Dauerhaften: „Nur aus der Tradition kann den Herausforderungen einer Zeit begegnet werden, die vom Überdruß eines gesteigerten Konsums visueller Eindrücke gebeutelt ist und aus eigener Notwendigkeit zur Mäßigung zurückkehren muss." Und in der bereits erwähnten, medienübergreifenden Debatte antwortete er seinen Kritikern in einem *ZEIT*-Artikel (1994): „Eine glatte Fassade mit vielen Reihen von gleichen Fenstern gilt als langweilig. Aber [...] haben Sie einmal versucht, eine solche Fassade zu entwerfen? Ich meine: gut zu entwerfen? Wissen Sie, wie schwierig es ist, das Verhältnis von offener zu geschlossener Fläche richtig auszubalancieren, die Proportionen schön zu machen, die Details vernünftig und elegant? Können Sie sich vorstellen, wie viel Arbeit das ist? Und wie viel Kreativität das erfordert? Viel mehr, als ein paar pastellfarbene Halbsäulen aus Stuck malerisch zu arrangieren oder zwei Stahlträger schräg aneinanderzuschweißen."

Aber genauso Recht hat WOLF PRIX, der sich in einem Interview mit dem *Baumeister* einmal über die geradlinige Kunstfeindlichkeit der Deutschen erregte: „Wenn ich mir die Baugeschichte überlege, dann sehe ich wahnsinnig viele Zufälle, Experimente und noch mehr nicht passende Zusammenhänge. [...] Spektakel ist ja auch Ausdruck von Lebensfreude. [...] Und Ikonen sind wichtig, um auf der Netzhaut und im Gehirn merkbare Signale zu erzeugen." Also doch!

Die Beurteilung der Kreativität ist also keine Frage des guten Geschmacks. Deshalb bleiben wir auch unparteiisch und nennen Peter Zumthors strenge Therme in Vals neben dem bunten Gegenstück in Bad Blumau von Friedensreich Hundertwasser, das bei Architekten eher eine kalte Gänsehaut denn wohlige Wärmeströme auslöst. Wer war wohl kreativer? Für beide Bauwerke gilt, dass sie mit bekannten Erwartungen und Gesetzmäßigkeiten gebrochen haben. Aber die Baugeschichte zeigt: Etwas gilt so lange als avantgardistisch – bis es, auf Trinkstärke herabgesetzt, im Portfolio der Bauträger angeboten wird. Gewagte Kreativität benötigt somit einen langen Atem. Doch wer kann sich diesen leisten? Auffallend viele unserer Befragten erwähnen in diesem Zusammenhang den Werdegang bzw. die Ausdauer von Zaha Hadid, die ihre extravagante Architektur nur aufgrund ihres gesicherten finanziellen Hintergrunds riskieren konnte. Sie mag als Diva des kreativen Showbiz eine auffallende Rolle spielen. Es gibt jedoch eine Reihe guter Architekten, die sich ihre unbehelligte Entwurfsfreude nur aufgrund einer soliden familiären Grundversorgung bewahren konnten.

Befragt man die Architekten nach ihrer Kreativität, erhält man auffallend unterschiedliche Antworten. Mal wird der Prozess selbst erwähnt, mal die Quellen der Inspiration,

„ES IST AUF KEINEN FALL SO, DASS MAN ALS ARCHITEKT EINE GENIALE IDEE HAT, SONDERN ES IST EIN PROZESS."
(4a Architekten)

mal wird grundsätzlich über den Begriff reflektiert. Die Mehrheit beschreibt ihre Kreativität pragmatisch als einen völlig normalen, automatischen und fast schon rationalen Prozess, bei dem ein Schritt auf den anderen folgt.
Andere wiederum erwähnen die psychologischen Aspekte, die Bedeutung ihrer Bauchgefühle, der Stimmungen etwa, die Kreativität begleiten bzw. schüren.
Und mancher Architekten steht vor einem Rätsel, wenn er diesen Prozess beschreiben soll, zu komplex seien diese Vorgänge, erklärt beispielsweise WOLF PRIX: „Wenn ich das genau beschreiben könnte, würde ich ein Buch darüber verfassen und danach auf einer Insel sitzen, die ich mir durch den Verkaufserfolg des Buchs leisten könnte. Kreativität ist, wie man weiß, ein ganz komplexer Vorgang, der sich aus vielen Ebenen zusammensetzt. Je mehr Ebenen es sind, umso besser ist es. Dieser Prozess geht manchmal schnell, manchmal dauert er etwas länger."

Die Verschiedenheit der Antworten, die Architekten dazu geben, ist durchaus nachvollziehbar. Nach den 33 Gesprächen gewinnt man den Eindruck, dass jeder anders damit umgeht, als würde eine Bauaufgabe bei jedem unterschiedliche Prozesse auslösen. FRITZ AUER bestätigt diese Annahme. „Nehmen wir Koolhaas als Beispiel", erklärt Auer, „der baut sich aus allen Informationen systematisch eine Matrix zusammen. Aus der entstehen Verlinkungen, und über die findet das Team zu Themen, aus denen sich Architektur generieren lässt. Koolhaas scheint somit wissenschaftlich-analytisch zu arbeiten. Andere Architekten wiederum arbeiten über Computerprogramme, in die sie bestimmte Parameter eingeben. Wir in unserem Büro arbeiten jedoch eher handwerklich und intuitiv. Aus diesen Prozessen entwickelt sich dann eine Eigendynamik."

Wenn die Aussagen unserer Architekten im Folgenden kategorisiert werden, dann geschieht dies lediglich einer gewissen Ordnung halber. Sie soll keinesfalls eine Ausschließlichkeit darstellen. Vielmehr verfahren wohl alle Architekten nach diesen Kategorien – sie haben lediglich eine unterschiedliche Bedeutung.

DIETMAR EBERLE
„MEIN LIEBLINGSORT, DAS IST DER BODENSEE, WEIL ER SICH STÄNDIG VERÄNDERT UND DOCH IMMER DA IST. NICHT UMSONST HEISST EIN ORT AM SEE KONSTANZ."

LIEBLINGSORTE

VOLKER STAAB

„ICH VERSUCHE IMMER AN DEM ORT DIE INSPIRATION ZU FINDEN, DESHALB FÄLLT ES MIR IMMER SEHR SCHWER, AN EINEM ORT ETWAS ZU MACHEN, WO ES NICHTS GIBT." (JAN KLEIHUES) „KREATIVITÄT IST, WIE MAN WEISS, EIN GANZ KOMPLEXER VORGANG, DER SICH AUS VIELEN EBENEN ZUSAMMENSETZT. JE MEHR EBENEN ES SIND, UMSO BESSER IST ES." (WOLF PRIX) *„MAN IST JA NICHT NUR KREATIV IM KOPF, SONDERN ES HAT AUCH ETWAS MIT DEN WERKZEUGEN, DEN MITTELN ZU TUN, DIE DIESE KREATIVITÄT AUSDRÜCKEN ODER ENTSTEHEN LASSEN UND KONTROLLIEREN." (MAURITZ LÜPS)* „NATÜRLICH GIBT ES AUCH ENTSCHEIDUNGEN, DIE MAN AUS DEM BAUCH HERAUS TRIFFT, WENN MAN SICH FRAGT, IST ES SCHÖN ODER NICHT SCHÖN, GEFÄLLT ES MIR ODER NICHT. TROTZDEM MUSS MAN SICH FRA-

GEN, OB ES AUCH SINNVOLL IST." (FLORIAN NAGLER) *"WISSEN SIE, DAS WORT KREATIVITÄT IST FÜR MICH ETWAS SCHWIERIGES. ICH NENNE DAS ZUERST SCHON EINMAL GESTALTFÄHIGKEIT." (DIETMAR EBERLE) "KREATIVITÄT BEDEUTET AUCH EINE AUSEINANDERSETZUNG MIT SICH SELBST." (REGINA SCHINEIS) "SICH SELBER ZU STIMULIEREN, KANN ICH MIR VORSTELLEN, IST FÜR VIELE ARCHITEKTEN DIE GRÖSSTE HERAUSFORDERUNG." (ARMAND GRÜNTUCH)* "ICH GLAUBE, MAN MUSS 150 PROZENT ANPEILEN, UM KNAPP BEI 100 ZU LANDEN. MAN MUSS SCHON ZIEMLICH HERB SEIN ALS ARCHITEKT." (CHRISTOPH INGENHOVEN) *"DAS SCHÖNSTE IST, WENN AM ENDE JEDER SAGEN KANN: DAS IST MEIN PROJEKT – UND WENN DAS AUCH NOCH DER BAUHERR SAGT, DANN IST DAS GANZ TOLL." (4A ARCHITEKTEN)*

KREATIVITÄT

PRAGMATIK

Beginnen wir mit den zunächst unspektakulär anmutenden, weil vorwiegend rational orientierten Schritten, bei denen es nicht um sensationelle Geistesblitze und ausgesprochene Intuition geht. Im Vordergrund steht bei fast allen der befragten Architekten eine exakte Aufgabenanalyse, eine systematische Vertiefung möglicher Lösungsansätze sowie der dazu bereit stehenden Mittel. In der Argumentation bezieht man sich dabei vorzugsweise auf die funktionale Ausrichtung der Architektur.

„Es ist auf keinen Fall so, dass man als Architekt eine geniale Idee hat, sondern es ist ein Prozess", erläutern 4A ARCHITEKTEN. Und HERMANN CZECH bestätigt: „Es ist nicht so, dass man dasitzt und auf eine Erleuchtung wartet, sondern alles entwickelt sich aus den Vorgaben. Am Anfang einer Ausbildung stellt man sich die Frage: Bin ich originell genug? Aber die Originalität besteht ja nicht darin, dass man etwas aufzeichnet, was noch nie dagewesen ist, sondern dass man die Problemlage erfasst."

WOLFGANG TSCHAPELLER ist skeptisch gegenüber Begriffen wie Kreativität. Es gehe vor allem um eine Vertiefung von Gedanken. „Letzten Endes ist es der Versuch, etwas genau zu erörtern. Es geht darum, Anforderungen zu verstehen und in kritische Konstellationen zu ordnen und erst einmal in einen Beobachtungs- und Feststellungsprozess einzusteigen. Das ist im Prinzip die Methode eines wissenschaftlichen Experiments, in Verbindung mit einer lauernden, wachsamen, beweglichen und offenen Perspektive."

WOLF-ECKART LÜPS setzt bei seiner schöpferischen Arbeit auf einen Dreischritt: den Ort, die Kommunikation mit dem Bauherrn sowie die Materialität, die sich beim jeweiligen Ort anbietet. „Man ist ja nicht nur kreativ im Kopf, sondern es hat auch etwas mit den Werkzeugen, den Mitteln zu tun, die diese Kreativität ausdrücken oder entstehen lassen und kontrollieren", ergänzt sein Sohn MAURITZ.

Auch FLORIAN NAGLER ist der Ansicht, Architektur basiere auf Funktionalitäten, allerdings räumt er auch gewisse intuitive Bauchentscheidungen ein: „Architektur ist ja keine Kunst, Architektur geht zunächst vom Gebrauch der Dinge aus. Darüber hinaus beschäftigt mich vor allem die Auseinandersetzung mit dem Ort. Insofern entsteht die Kreativität aus der Reibung und aus der Auseinandersetzung mit den verschiedensten Anforderungen. Natürlich gibt es auch Entscheidungen, die man aus dem Bauch heraus trifft, wenn man sich fragt, ist es schön oder nicht schön, gefällt es mir oder nicht. Trotzdem muss man sich fragen, ob es auch sinnvoll ist."

Hier trifft NAGLER ziemlich genau die Aphorismen von Adolf Loos, der deutlich zwischen Kunstwerk und Architektur unterschieden hat: Ersteres werde ohne ein Bedürfnis in die Welt gesetzt, aber „das Haus deckt ein Bedürfnis" (1910). Es sei im Gegensatz zur revolutionären Kunst konservativ. Denn Kreativität entwickle sich aus der grundsätzlichen Disziplin der Architektur und habe deshalb nichts mit Erfinden zu tun, halten auch die Architekten KAHLFELDT fest und belegen ihre Kreativität mit sieben Noten, mit denen sie immer wieder etwas Neues komponieren. „Und diese sieben Noten muss man für sich selbst definieren – natürlich gibt es schon Allgemeines, wie Sockel, Stütze, Dach, Fenster, Tür – und dann kommen Raum und Gestaltung dazu", sagen die Kahlfeldts.

Doch wodurch entsteht eine schöne Komposition? Spielt hier nicht auch die Intuition eine maßgebliche Rolle, die Stimmung, das Gefühl? Möglicherweise kommt es darauf an, wie man komponiert – setzt man neue Töne, oder schreibt man bekannte Melodien um?

Vielleicht sollte man statt Komponieren das Wort Gestalten verwenden, wie DIETMAR EBERLE vorschlägt: „Wissen Sie, das Wort Kreativität ist für mich etwas Schwieriges. Ich nenne das zuerst schon einmal Gestaltfähigkeit. Das, was die Rezeption eines Architekten ausmacht, ist tatsächlich seine Gestaltfähigkeit. Und das heißt zunächst einmal nichts anderes, als dass er Gestaltungsprinzipien und Gestaltungsvorlieben in sich trägt, die zu einer Organisation des Materials führen, denn mehr macht ein Architekt nicht – er organisiert Material, und ich glaube, das kommt generell von biografischen Hintergründen, die oft sehr subjektiv sind. Eines meiner Lieblingsforschungsprojekte ist, dass die Biografie eine ganz große Rolle in der Gestaltfähigkeit spielt. Und ich stelle fest, dass das so ist! Dabei bin ich nicht der Frage nachgegangen, woher das kommt – anerzogen, selbst erlernt oder genetisch bedingt. Ich habe aber nur ganz wenige Architekten getroffen, die auf dieser Ebene

CHRISTOPH INGENHOVEN

„DANN SAG' ICH, LEUTE, HIER FLIEGT JETZT MAL NICHTS, DAS KÖNNTE LANGWEILIG WERDEN – WAS NATÜRLICH QUATSCH IST, DENN DAS KANN AUCH EINE HOHE KUNST SEIN. AUCH WENN ES EINFACHER AUSSIEHT."

BARKOW LEIBINGER ARCHITEKTEN

„WIR HABEN EINE GANZ EIGENE ART DER KOMMUNIKATION ENTWICKELT, BEI DER SICH SPRECHEN UND ZEICHNEN GEGENSEITIG ERGÄNZEN." (REGINE LEIBINGER)

KREATIVITÄT

eine besondere Stellung haben und die mir erzählten, dass ihre Ausbildung der Schlüssel dazu war. Das, was übrig bleibt, ist organisiertes Material." Ist Kreativität also doch ein Ausdruck besonderer Begabung?

PSYCHE
Einige Architekten sprechen nicht als Erstes von Funktionalität und systematischen, klaren Schritten. Stattdessen beschreiben sie ihre persönlichen psychischen Voraussetzungen für die Entfaltung von Kreativität – was nicht bedeutet, dass ihre Entwürfe nur im Affekt, sozusagen aus dem Bauch heraus entstehen. Vielmehr kann sich das ergänzen.

„Kreativität bedeutet auch eine Auseinandersetzung mit sich selbst", gesteht REGINA SCHINEINS, was uns zur Schlussfolgerung führt: Selbstmotivation und Selbstbestätigung sind wohl die wesentlichen psychologischen Triebfedern.

Eindrucksvoll schildert ARMAND GRÜNTUCH diesen inneren schöpferischen Antrieb: „Für mich ist die größte Stimulation die eigene Neugierde, sie zu befriedigen und eine Spannung zu erzeugen, die einen antreibt, daran zu arbeiten, also sich selbst zu motivieren. Sobald ich merke, dass es langweilig wird, wenn wir in lauter konventionellen Ebenen arbeiten, bin ich auch nicht mehr so gut. Sich selber zu stimulieren, kann ich mir vorstellen, ist für viele Architekten die größte Herausforderung."
Ohne ausgeprägten gestalterischen Willen und einen gewissen Geistesblitz komme nichts Gutes zustande, meint FRITZ AUER. Gleichzeitig warnt er davor, nur die Hülle des Gebäudes vor Augen zu haben, nicht aber dessen Inhalt.

Mit ihrer Kreativität als Werkzeug (eines unter mehreren) treten die Architekten in einen ausgesprochen harten Wettbewerb: nämlich mit sich selbst. Sie streben nach Perfektion, nach einer ständigen Steigerung der Leistung. Und dieser Wettbewerb mit dem eigenen Ego beflügelt. Der Psychologe Borwin Bandelow hat dafür folgende Erklärung: „Angst ist der Motor, der perfektionistische Menschen zu Höchstleistungen anspornt." Aus Menschen mit Angst würden nämlich die besseren Künstler. Denn „wer häufig unter Angst leidet, kann diese Emotionen bekämpfen. […] Daher sind kreative Menschen, die unter Ängsten leiden, oft gefühlvoller, emotionaler und leidenschaftlicher als andere." Perfektion, Emotion, Kreativität – man könnte meinen, Bandelow habe seine Feldstudien im Architektenmilieu getrieben.

Die enge Koppelung von Kreativität und Selbstwertsteigerung lässt aber fragen: Inwiefern gerät ein Architekt dabei in eine Spirale, die zu einem ständigen Immer-höher und Immer-weiter führt, sobald die Aufträge es ermöglichen? Und umgekehrt, bedeuten eher gemäßigte, unspektakuläre Projekte das Nachlassen der Kreativität, weil man sich nicht mehr gefordert fühlt? CHRISTOPH INGENHOVEN, dessen Büro für zahlreiche spektakuläre Projekte bekannt ist, etwa die Lufthansa Hauptverwaltung in Frankfurt, die Europäische Investitionsbank in Luxemburg oder das strittige Stuttgarter Bahnhofsprojekt, und der seine Kreativität entsprechend ausleben kann, spricht dieses Thema offen an: „In meinem Büro haben die Leute eher die Erwartung, dass etwas zum Fliegen kommt. Dann sag' ich, Leute, hier fliegt jetzt mal nichts, das könnte langweilig werden – was natürlich Quatsch ist, denn das kann auch eine hohe Kunst sein. Auch wenn es einfacher aussieht."
Dieser stetig wachsende Anspruch an sich selbst ist der treibende Motor der Kreativität, sagt auch ADRIAN MEYER: „Man ist mit sich selbst zugange, ich glaube, das geht jedem Künstler so. Ich stelle mir immer vor, wie geht ein Maler, ein bildender Künstler vor, was treibt ihn? Ich glaube, unter anderem treibt ihn immer wieder das, was er noch nicht sieht, was er ahnt zu erreichen, und das ist immer näher an einer Form von Perfektion. Aber das erreicht man nie, sonst wäre man Gott. Dieses immer wieder den nächsten Schritt Machen zu etwas, was einer Vollendung, einer Perfektion nahe kommt, wenn man das beobachtet, dann sieht man ja auch, dass viele im Wahnsinn geendet sind. Gaudí hatte ja auch etwas genial Wahnsinniges. Den Mut zu haben, diesen freien Sprung zu wagen, völlig in den Absturz, um dann eine Erkenntnis zu gewinnen, ich glaube, das haben auch die großen Musiker und die großen Architekten."
Antoni Gaudí war sicher eine Ausnahmeerscheinung. Sein skulpturaler Exorzismus, mit der Technik seiner Zeit schier nicht zu bauen, ließ ihn in völlig in der Arbeit aufgehen und

führte zur äußerlichen Verwahrlosung, weshalb man ihn nach einem Straßenbahnunfall unerkannt in ein Armenhospital eingeliefert hatte. Fanatische Besessenheit und esoterisches Sendungsbewusstsein (wie etwa bei Rudolf Steiner) sind selten. Heute führt die permanente Arbeitsüberlastung und fehlende Anerkennung bei Architekten eher zu zerrütteten Beziehungen, Alkoholabusus und Herzinfarkt.

CHRISTOPH INGENHOVEN gehört offenbar zu den glücklichen Starken: „Ich kann ziemlich genau sagen, was mich treibt", offenbart er sich und vergleicht seine Leidenschaft mit der eines Lance Armstrong, der so besessen war, dass er mitten in der Nacht seinen Trainer anrief, um ihm eine neue Trainingsidee zu erzählen. „Erfolgreiche Menschen sind von einer großen Sorge getrieben, dass sie morgen sozusagen in der zweiten Liga spielen. Und diese Sorge hält sie am Rennen. Ich meine das halbernst. Ich glaube, man muss 150 Prozent anpeilen, um knapp bei 100 zu landen. Man muss schon ziemlich herb sein als Architekt."
Auf die Frage, ob alle Architekten so getrieben seien, antwortet INGENHOVEN: „Man macht nichts gut, wenn man nicht so ist."

ORTSTERMIN

Entscheidend für einen Entwurf ist der Ort, die Umgebung – der Kontext, wie man sich heute gern mit soziologischen Begriffen verständigt. Auch wenn man immer wieder feststellt, dass Stararchitekten um ihre unverwechselbaren Ikonen gebeten werden, die möglichst wenig mit der Gegend zu tun haben. Abgesehen von diesen „Signature-Buildings" bietet der Ort, vulgo die Stadt, die entscheidende Anregung für den Entwurf. Es ist obligatorisch, dass sich die Architekten selbst damit vertraut machen. Bei internationalen Wettbewerben, wenn in großen Büros mehrere Projekte gleichzeitig zu bewältigen sind, müssen zunächst Informationen ausreichen, die man sich über Mitarbeiter, aus dem Internet, Karten oder Straßenplänen holt. HERMANN CZECH hat zu diesem Zweck zahlreiche Reiseführer von vielen Städten in aller Welt gesammelt.
Allerdings scheint auch hier der Ort die Kreativität ganz unterschiedlich anzuspornen.

JAN KLEIHUES möchte gute Architektur liefern, ohne dass sie sich dem Ort aufdrängt. „Städtebau ist Erinnerung", hatte sein Vater die kritische Rekonstruktion des Hauses Liebermann in Berlin erläutert, eine Methode, die der Sohn in seinem Büro fortsetzt.

MUCK PETZET, der eine ganz andere Architektur verfolgt, geht mit Veränderungen möglichst sparsam vor, indem er vorwiegend das Positive des örtlichen Umfelds wahrnimmt und herausarbeitet. Am Ort beginnt alles, das unterschreibt auch CARSTEN ROTH. Die dort entstehenden Eindrücke überlagern sich mit seiner grundsätzlichen Auffassung von Architektur. Beides zusammen bildet den Hintergrund, vor dem er reflektiert, was er mit der Aufgabe erreichen will. „Die Absicht ist für mich der wichtigste Ausgangspunkt, der alles entscheidende." Hat er die einmal für sich definiert, lässt sich Roth nicht mehr abbringen – zum Beispiel von der Verwendung eines bestimmten Materials, da bleibt er hartnäckig.

JULIA und HANS KLUMPP interpretieren den Ort als eine Wunde, die es zu heilen gilt. Ihre Entwürfe suchen deshalb die Wiederherstellung einer städtebaulich und architektonisch ganzheitlichen Situation. Orte stimulieren, weil sie etwas Einmaliges in sich tragen/haben. Diese Einmaligkeit wollen sie erkennen, verstehen und in ihre Arbeit aufnehmen. „Je interessanter der Ort, desto schöner das Bauen", schwärmt MUCH UNTERTRIFALLER, der mit Bregenz am Bodensee für sein Festspielhaus und der atemberaubenden Vorarlberger Landschaft für seine Einfamilienhäuser entsprechend gesegnet ist.

Aber nicht immer überträgt sich die Kultur eines prominenten Orts auf die Weiterplanung. Negativbeispiele fallen umso mehr auf. Häufig kritisiert wird der Pariser Platz in Berlin, dessen Bebauung von einigen unserer Architekten als „katastrophal" bezeichnet wird. STEFAN BEHNISCH echauffiert sich über das gesamte Regierungsviertel, insbesondere das Kanzleramt, das von außen „kathedral" wirke und innen alles andere als Qualität aufweise. „Da ist dem Wunsch, die Größe des Staats darzustellen, alles andere untergeordnet. Und ich meine, dass das völlig falsch ist, denn unsere Kanzlerin besetzt ja gerade mal die dritte Stelle im Staat. Auch die Abgeordnetenhäuser, die ganze Achse:

KREATIVITÄT

„DABEI GEHT ES NIE UM DIE ÜBERNAHME VON FORMEN, SONDERN UNS INTERESSIEREN EHER DIE FUNKTIONSABLÄUFE, WIE DIE BAUTEN ZUEINANDER STEHEN ODER WIE ANDERE KULTUREN MIT LICHT UMGEHEN."
(Jórunn Ragnarsdóttir)

Ich dachte, wir Deutschen hätten von Achsen endgültig genug, und da bauen wir wieder eine Achse rein, die wir zwar ein bisschen schief legen, aber da wird über den schwingenden Flusslauf – patsch – einfach ein Brett drübergeknallt, was eine übergeordnete Idee, die Freiheit für andere Gedanken oder auch Formalismen überhaupt nicht mehr zulässt. Und wir sind nicht die Grande Nation. Die Champs-Élysées kommen aus einer anderen Zeit. Und Haussmann ist tot. In Berlin waren Haussmännle am Werk."

Wichtig sind Reisen. Aldo Rossi und Rob Krier haben solche motivierenden Beobachtungen ausführlich beschrieben. Dabei spiele es keine wesentliche Rolle, wie exotisch die ausgewählten Reiseziele sind, meint HANS KLUMPP. Vielmehr gelte es, beim Unterwegssein die Kunst des Sehens zu lernen, wahrgenommene Stimmungen zu erinnern und später bei der Gestaltung von Orten einzubringen.
JÓRUNN RAGNARSDÓTTIR betont, alle ihre Reisen seien gewissermaßen Bildungsreisen, denn da würde sie intensiv analysieren, wie gebaut wird: „Dabei geht es nie um die Übernahme von Formen, sondern uns interessieren eher die Funktionsabläufe, wie die Bauten zueinander stehen oder wie andere Kulturen mit Licht umgehen. Ja, das ist ganz wichtig. Nehmen wir als Beispiel das Licht, das ist in Afrika ganz anders als hier."

KOMMUNIKATION
Kreativität wird auch durch Gespräche mit dem Partner, den Mitarbeitern oder durch Lehrtätigkeit an der Hochschule stimuliert. Im Büro bei 4A ARCHITEKTEN entstehen Projekte in derart enger Teamarbeit, dass man oftmals nicht weiß, von wem der entscheidende Input gekommen ist: „Das Schönste ist, wenn am Ende jeder sagen kann: Das ist mein Projekt – und wenn das auch noch der Bauherr sagt, dann ist das ganz toll." Bei Lebensgefährten oder Ehepartnern kann sich dabei eine spezielle Mitteilungsform entwickeln, wie REGINE LEIBINGER verrät: „Viel entsteht durch die Partnerschaft mit meinem Mann. Wir haben eine ganz eigene Art der Kommunikation entwickelt, bei der sich Sprechen und Zeichnen gegenseitig ergänzen."

MARKUS ALLMANN berichtet, er sei außerhalb des unmittelbaren Büroumfelds im ständigen Austausch mit Leuten, die sich wie er selbst mit gesellschaftlichen Phänomenen auseinandersetzen. Auf diese Weise sauge er alles auf, was sich auf Sphären und Raumwahrnehmungen bezieht. „Da Architektur keine selbstreferentielle Disziplin sein darf, bildet ein seismografisches Wahrnehmen von gesellschaftlichen Strömungen und Tendenzen und der Austausch mit anderen Akteuren der Zukunftsgestaltung die Basis für die Entscheidungen. Mich persönlich interessieren zunehmend prinzipiellere Themen bzw. Phänomene, die Einfluss auf die Architektur haben, und weniger der schnelllebige, formale Diskurs."

Auch STEFAN BEHNISCH erwähnt, wie wichtig es für seine Architektur ist, mit möglichst vielen unterschiedlichen Menschen zu sprechen. „Neben einem grundsätzlichen Talent sollte man sich als Architekt immer bewusst sein, dass zehn Köpfe besser denken als einer", so Behnisch. „Architektur ist ja das Ziehen von Schlüssen. Man arbeitet immer auf der Ebene des Erfahrenen und Erlernten. Je mehr ich erfahren und gelernt habe, desto mehr bin ich in der Lage, Schlüsse zu ziehen. Unser Hirn ist doch gar nicht in der Lage, Zufallsschlüsse zu ziehen."

KULTURABKOMMEN
Viele der Befragten meinten, aus Bereichen, die nicht unmittelbar mit Architektur zu tun haben, wie etwa der Philosophie oder den Naturwissenschaften, kreative Anregungen gewinnen zu können. ANTON NACHBAUR, der sich innerhalb seines Büros eher als Allrounder versteht („bin in keinem Bereich absolut super, weise dafür aber vielleicht in mehreren Bereichen Stärken auf"), bezieht seine Inspiration aus allem Möglichen. „Woraus ich meine Kreativität schöpfe? Ich weiß es nicht. Ich habe ein Instrument gelernt und einen Bezug zur Musik, ich gehe gern ins Theater und ins Cabaret, mache gern Sport, Lesen war immer großes Hobby von mir. Ich bin offen für alles, ich nenne mich selber manchmal einen Informationsjunkie."

NIKOLAUS BIENEFELD

„WENN SIE MUSIK HÖREN UND SIE DAS BERÜHRT UND BEWEGT, DANN LÖST DAS WAS AUS, UND ZWAR DIREKT KÖRPERLICH. DAS MÖCHTE MAN AUCH MIT EINEM RAUM SCHAFFEN. DAS, GLAUBE ICH, IST AUCH MÖGLICH, OB DAS NUN DURCH EINEN FARBKLANG GESCHIEHT ODER DURCH DIE RAUMDIMENSIONEN, DIE MAN ENTWORFEN HAT."

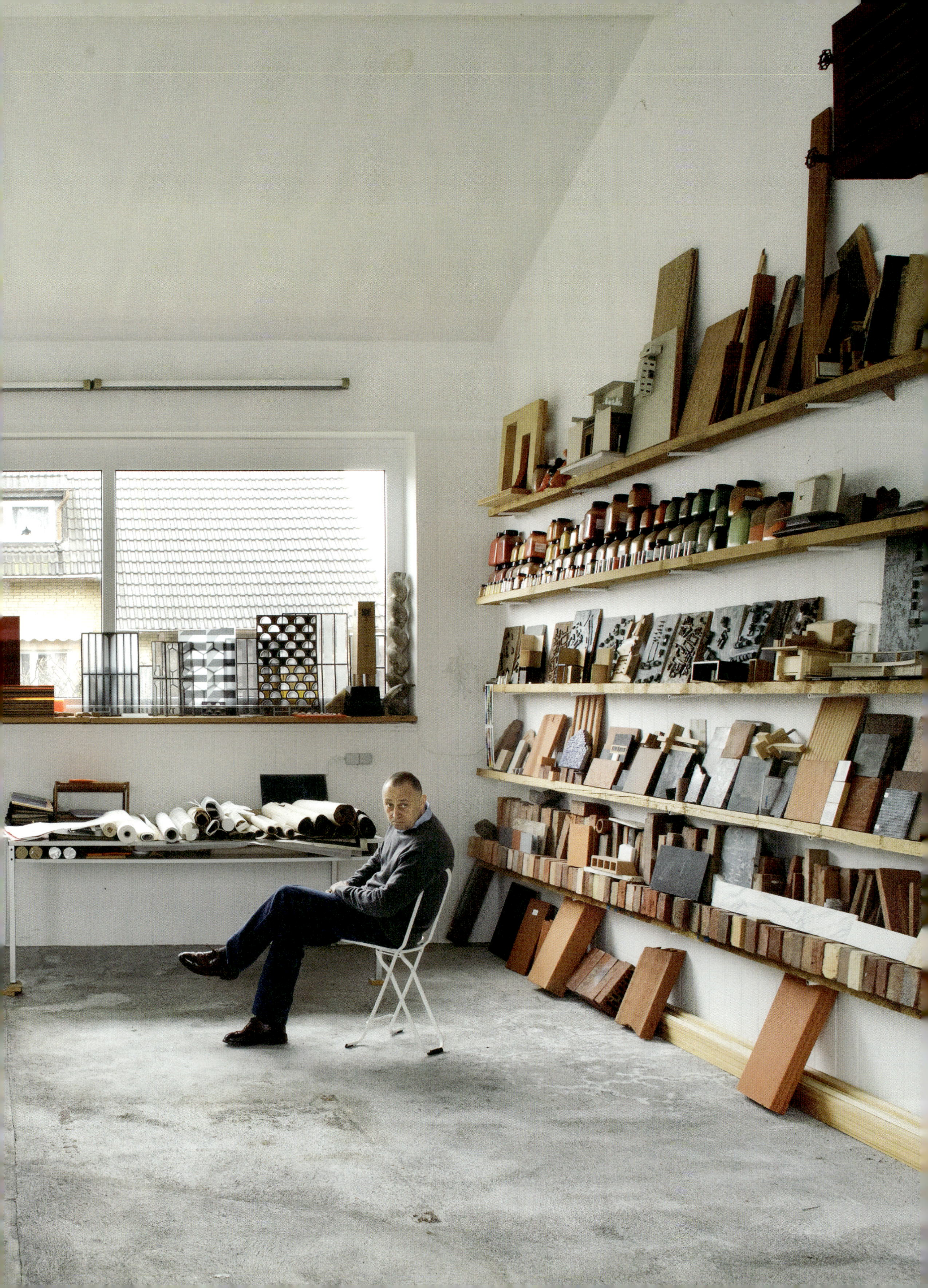

BURKARD MEYER ARCHITEKTEN

ARBEITSPLÄTZE

HADI TEHERANI

DIETRICH FINK

„UNSERE AUFGABE IST NICHT NUR EINE KÜNSTLERISCHE, SONDERN AUCH EINE FRAGE DER RELEVANZ."

KREATIVITÄT

GUNTER HENN begeistert sich für die Neurowissenschaften. Begegnungen mit namhaften Forschern sind seine wichtigen Inspirationsquellen, denn Architektur ist für ihn zuallererst eine Denkkategorie. Das Skizzieren ist dann ein Ausdruck dieses Denkens. WOLF PRIX befasst sich auf ähnliche Weise mit den Erkenntnissen der Gehirnforschung und transferiert die Struktur neuronaler Netzwerke auf ein Stadtentwicklungskonzept. WOLFGANG TSCHAPELLER interessiert sich für die Biologie und stellt sich dabei die Frage, welche Konsequenzen das Versiegen von Ressourcen haben kann. Konkret erwähnt er das Verhalten von Krähen, die mangels anderer Materialien Kleiderbügel für ihren Nestbau verwenden. Oder aber er befasst sich mit Peter Handke und dessen Raumwahrnehmung in Ex-Jugoslawien. Die Kunst, insbesondere die Musik, nährt dagegen die kreative Arbeit von NIKOLAUS BIENEFELD: „Wenngleich diese Einflüsse nicht eins zu eins in die Architektur übertragbar sind, so schwingt das Grundgefühl mit, das sie erweckt. Zum Beispiel die Musik. Im Grunde geht es ja immer wieder um Wohlklang, um die Erzeugung von Harmonie. Wenn Sie Musik hören und Sie das berührt und bewegt, dann löst das was aus, und zwar direkt körperlich. Das möchte man auch mit einem Raum schaffen. Das, glaube ich, ist auch möglich, ob das nun durch einen Farbklang geschieht oder durch die Raumdimensionen, die man entworfen hat." WOLF PRIX sieht allerdings die Fähigkeit, kulturelle Einflüsse auf die Architektur zu übertragen, bei einigen Kollegen kritisch: „Warum sieht man das nicht an der Architektur? Also diese Überlegungen und die Einflüsse, die man aus anderen Gebieten zieht, müssten eigentlich andere Zugangsweisen und Reformen und andere Programme in der Architektur generieren. Wenn ich alles nur studiere, weil es mir gefällt und nur im kleinen Maßstab nach den Wünschen des Bauherrn umsetze, dann hilft das nicht."

BILDER

„Meine Kreativität wird durch atmosphärische Bilder geweckt, indem ich übersetze, was ich wahrnehme."
MAURITZ LÜPS zieht eine druckfrische Broschüre aus dem Regal. Die sinnlichen Qualitäten einer Architektur sind der Nährboden unseres Planens, steht dort zu lesen. Beeinflusst von seinem geschätzten Lehrer Peter Zumthor stimuliert er sich mit Bildern aus seiner Erinnerung. Es handelt sich dabei um starke architektonische Atmosphären und sinnliche Erfahrungen, die er zu einem Thema bündelt: „Aus diesen erfolgt eine Komposition, ohne dass man genau weiß, wie das Bauwerk letztlich aussehen soll. Erst wenn der atmosphärische Kern gewachsen ist, kann sich aus diesem das Bauwerk entwickeln. Dadurch wird nicht nur der kreative Prozess angekurbelt, sondern auch dem Bauherrn vermittelbar, welche Gedanken dem Gebäude zugrunde liegen", erklärt er. Auf einer Seite ist ein geheimnisvolles Wasserspiel zu sehen. Auftakt zur Fischerhütte, ein Restaurant und ein Laden: Berufsfischerei und Fischbrutanlage im flachen Uferwasser des Ammersees. Die folgenden Seiten zeigen Licht- und Wasserspiele, wie man sie von alten Bootshäusern kennt. Fischernetze sind angedeutet und Pfähle, ansprechend, die Fantasie beflügelnd, man ahnt, zu welcher Architektur sich die Bilder finden könnten. Vater LÜPS ergänzt die Bedeutung von Bildern. Auch das Zeichnen selbst könne stimulierend wirken, schließlich wachse dabei die Inspiration um das Skizzierte: Man sieht, was man gezeichnet hat, und das regt erneut an.

STEFAN BEHNISCH lässt sich weniger von atmosphärischen oder gezeichneten als von realen Bildern beeinflussen. Das Besondere dabei ist, er macht keinen Hehl daraus: „Wenn mir etwas gefällt, dann fotografiere ich das, schicke es ins Büro und sage denen, ihr sitzt doch gerade an dem und dem, schaut euch da mal die Logik an, die dahinter steckt. ... und so entwickelt man weiter. Viele würden sagen, das ist Plagiatismus, man stiehlt. Klar tut man das, es ist nichts wirklich originell auf dieser Welt, aber die Art, wie man die vielen Elemente zusammenfügt, die Erfahrungen, die man gemacht hat und zu Schlüssen verarbeitet, das schafft doch das Originäre. Oft hängt natürlich die Qualität des Ergebnisses auch davon ab, ob man ein gutes Erlebnis dabei hatte oder ein schlechtes, ob man es gut oder nicht gut findet. Es hängt auch davon ab, wie man sich fühlt. Und hier sind wir bei Hemingway."

BEWUSSTWERDUNG

„Kreativität muss nicht willkürliches Chaos bedeuten, sondern sie kann erklär- und nachvollziehbar sein. Und wenn

KREATIVITÄT

sie das ist, dann muss ich das an irgendetwas festmachen können. Kreativität ist die Neukombination von bestehenden Informationen, also zum Beispiel vom städtebaulichen Umfeld und dem Ort. Da holen wir in erster Linie die Inspiration", sagt JULIA KLUMPP.

Da sind sich die meisten Architekten einig: Gleichgültig, wie sie entsteht und wohin die Kreativität führt, das Wichtigste sei, die Hintergründe und Motive dieses Prozesses bewusst zu reflektieren. „Man muss aufpassen, dass man genau weiß, warum man was tut, man muss es begründen können. Aber in dem Moment, in dem man sich von Bildern beeinflussen lässt, ohne sie zu durchdringen, passiert es schnell, dass man etwas kopiert, ohne genau zu wissen, warum man es gemacht hat", warnt JAN KLEIHUES.

Auch DIETRICH FINK ist misstrauisch gegenüber Bildern, gegenüber allem Visuellen „Man muss vielmehr reflektieren, was der Kern der Aufgabe sein soll. Unsere Aufgabe ist nicht nur eine künstlerische, sondern auch eine Frage der Relevanz. Wir arbeiten lange an diesem Begriff: was der Ort und der Bauherr wollen." Dazu passt JÜRGEN BÖGES Credo zum zentralen Punkt des Entwerfens: „Warum treffe ich die Entscheidung, wozu führt sie, und was will ich damit erreichen? Das genau ist der Moment, an dem ich mich als Architekt positionieren muss."

INTUITION

Einige Architekten erwähnen ausdrücklich ihre Intuition beim Entwerfen. Sie fällen Entscheidungen nach Bauchgefühl. Die sind, so zeigen psychologische Studien, keinesfalls schlechter als länger durchdachte. Gute Bauchentscheidungen stützen sich auf die Fähigkeit, komplexe Informationen schnell zu verarbeiten, sich auf das Wesentliche zu konzentrieren und entsprechend angemessen darauf zu reagieren. Viele der intuitiven Schritte sind jedoch nur vordergründig spontan. Häufig gehen ihnen längere unbewusste Kognitionsprozesse voraus, die Antworten auf Fragen suchen. Werden sie fündig, erreichen sie das Bewusstsein. Mit anderen Worten, die Gedanken kreisen ständig im Kopf.

Das kann DIETRICH FINK bestätigen. Intuition sei bei ihm irgendwie ständig präsent.

„Nach einer analytischen, informellen Phase, kommt die Umsetzung in einen Entwurf", sagt auch MARKUS ALLMANN, ein Entwurf, „der wie ein Sprung ins Ungewisse ist, häufig intuitiv ausgelöst, trotz aller scheinbar vorangegangen Überlegungen mit rationalem Ursprung. Mal ist dies schwierig und dauert quälend lange, zuweilen fällt es ganz leicht, und es scheint von Anfang an offensichtlich zu sein, wie das Projekt werden müsste. Meist steht das Entwurfsteam unter einem großen Zeitdruck, die zugestandene Entwurfszeit verkürzt sich mehr und mehr."

Man sagt nicht umsonst, die besten Ideen ereilen einen völlig unerwartet unter der Dusche, vor dem Einschlafen, nach dem Aufwachen, in Momenten, in denen Gedanken nicht unter Druck stehen und sich frei entfalten können. Phasen der Entspannung sind für HADI TEHERANIS Kreativität eine zentrale Voraussetzung. Wenn er auf Reisen ist, fernab von Hamburg, wenn er nicht abgelenkt wird von Mitarbeitern, Bauherren und dem Büroalltag, entfaltet sich seine Kreativität am besten. „Jede Entfernung, jeder Schritt, der das unmittelbare Arbeitsfeld erweitert, ist ein Gewinn", bestätigt WOLFGANG TSCHAPELLER.

Doch worauf stützt sich diese Intuition?

Sicherlich auf Erfahrungen, mit großer Wahrscheinlichkeit auch auf grundlegende Haltungen, welche Prioritäten man beim Entwerfen setzt. Oder auf die Fähigkeit, das Leben, die Natur, die Fülle um sich herum zu spüren. REGINA SCHINEIS fasst es so zusammen: „Das ist ein innerer Prozess, eine Auseinandersetzung mit sich selbst, mit dem Material und mit der Aufgabe – auch mit dem Gegenüber. Kreativität ist ein erlernbarer Prozess. Es braucht Talent und Gestaltungswillen. Das zusammenzubringen, umzusetzen, daran zu wachsen, ist in einer guten Ausbildung möglich. Damit dann vieles zusammenfließt: Wissen, Erfahrung, Erlerntes. Das ist der Weg zum Ziel."

Zur Intuition gehören insbesondere der Mut zum Irrtum und die Bereitschaft zum Neubeginn. Schließlich bergen spontane Entscheidungen ein gewisses Risiko, auch wenn es nur im Vorwurf liegt, man hätte nicht ausreichend nachgedacht. Doch wer kann sich Irrtümer und Neuanfänge und Vorwürfe leisten – vor allem bei dem enormen Konkurrenzdruck? WOLF PRIX mit seinem erfolgreichen Studio CoopHimmelb(l)au praktiziert das offensichtlich: „Das Tri-

JÜRGEN BÖGE

„WARUM TREFFE ICH DIE ENTSCHEIDUNG, WOZU FÜHRT SIE, UND WAS WILL ICH DAMIT ERREICHEN? DAS GENAU IST DER MOMENT, AN DEM ICH MICH ALS ARCHITEKT POSITIONIEREN MUSS."

KREATIVES ARBEITEN

BÖGE LINDNER ARCHITEKTEN

ALLMANN SATTLER WAPPNER . ARCHITEKTEN

PETER HAIMERL.
ARCHITEKTUR

al-and-Error ist ein ganz wesentlicher Bestandteil meines Denkens. Probieren wir's, und wenn es falsch ist, kann man es ja weglegen. Aber man muss es probieren."

Weglegen, sich Verabschieden, Loslassen – diese Fähigkeit nimmt beim Entwerfen eine Schlüsselrolle ein.

LOSLASSEN
Kreative Menschen beweisen Flexibilität, sie können gewohnte Pfade verlassen und neues Terrain betreten. Voraussetzung dafür ist die Fähigkeit des Loslassens. „Man muss in der Lage sein, ursprüngliche Ideen wieder zu verwerfen, gleichgültig wie viel man in sie investiert hat", empfehlen GRAFT ARCHITEKTEN. Für sie ist die Fähigkeit des Loslassens und des Entscheidens das bedeutendste Merkmal eines kreativen Architekten. Damit muss er sich nämlich positionieren und begründen, warum er so und nicht anders entschieden hat. „Das bringt einem im Studium leider keiner bei." Graft-Partner Thomas Willemeit hat am eigenen Leib erfahren müssen, wie schmerzhaft dieses Procedere sein kann: „Bei Libeskind habe ich gelernt, immer wieder loszulassen und wegzuschmeißen. Jeden Morgen kam er rein, zack, großer Cutter, alles, was man den ganzen Tag vorher gemacht und gebaut hat, zack, Cutter rein, einmal durch, sich dann umgedreht und gesagt, ‚that goes better'. Es ging nur darum, sich nicht festzufahren. Der kreative Prozess hat genau damit etwas zu tun, dass man eben loslassen und sich entscheiden muss."
Im Büro GRAFT sollen flache Hierarchien dieses Loslassen erleichtern: „Man darf nicht festhalten, auch nicht an Autorenschaften. Deswegen halten wir bei uns die Hierarchien flach. Am Ende soll die beste Idee gewinnen. Die besten Projekte sind die, bei denen man am Ende nicht mehr weiß, wer die Idee hatte. Man muss die Balance verlieren, um einen neuen Schritt machen zu können. Man muss sich auch selbst verunsichern dürfen und Missverständnisse zulassen."
„Man muss die Bereitschaft haben", sagt ANTON NACHBAUR, „auch mal wieder einen Schritt zurückzugehen. Es gibt ganz viele Sachen, wo ich mir bis zum Schluss nicht sicher bin, ob die Entscheidung richtig war. Aber es ist immer schwierig, loszulassen, weil das Konzept einen bindet, gedanklich und emotional. Wenn dann der Bauherr das so nicht will oder zahlen kann, fällt das schon schwer."
HERMANN CZECH, der Senior und somit möglicherweise der Weiseste unter den Befragten, spricht über sukzessive Entscheidungsprozesse: „Jede Planung ist Umbau, denn man hat es immer mit einem Beziehungsfeld von Bedingungen zu tun. Außerdem wissen die wenigsten Architekten, dass auch ihre eigene Tätigkeit mit dem Fortschreiten jedes Entwurfs immer mehr den Charakter eines Umbaus annimmt. Ein Entwurf springt ja nicht einfach so aus dem Kopf, sondern ist eine Zeitreihe von Entscheidungen, und wenn man da ein paar Wochen drinnen ist, dann hat man mit bereits getroffenen eigenen Entscheidungen zu tun. Die kann man zwar umstoßen, aber das ist schwerer, als in einem tatsächlichen Umbau fremde Entscheidungen zu negieren. Ich muss immer mit einem Vor-Entwurf leben. Man sollte womöglich jeweils nur die Entscheidungen treffen, die man jetzt unmittelbar treffen muss. Alles andere sollte man zunächst abkoppeln."
Um den Prozess des Loslassens zu überlisten, entwickelt man bei GRÜNTUCH ERNST gleichzeitig mehrere Lösungsansätze, die allesamt organisch wachsen. Schritt für Schritt nähert man sich dann der Entscheidung, die ARMAND GRÜNTUCH zufolge keine bewusste und radikale ist. „Und irgendwann spürt man, jetzt geht die Patience auf."
Für CHRISTOPH INGENHOVEN erleichterte sich der Prozess des Loslassens, nachdem er aufgehört hatte, selbst zu zeichnen und stattdessen die Entwürfe seiner Mitarbeiter verwerfen konnte: „Ich habe das als große Befreiung erlebt, weil es mir zum ersten Mal möglich war zu sagen: Das ist schlecht, schmeiß das alles weg", gesteht er. „Das machst du nicht, wenn du selber zeichnest, weil du so verliebt bist in das, was du gemacht hast, weil du so viel Arbeit da reingesteckt hast, dass du es nur noch schwer wegschmeißen kannst. Man kann nur wegwerfen, wenn man Distanz zu den Dingen hat. Es gibt den Begriff der Unkrautblindheit. Und die Leute, die hier arbeiten, da gibt es viele, die die Distanz nicht mehr haben und die Fehler nicht mehr sehen."
Ingenhoven zufolge sollte man sich auch von dem Terror

KREATIVITÄT

„WÄHREND DER KUNDE SPRICHT, SPRICHT ER MIR DIE BILDER IN DEN KOPF." (HADI TEHERANI) „ICH HABE DAS GEFÜHL, DIE WELT STÄNDIG NEU ERFINDEN ZU MÜSSEN." (ARMAND GRÜNTUCH) „WENN ICH GEWUSST HÄTTE, WIE ANSTRENGEND ARCHITEKTUR IST, HÄTTE ICH VIELLEICHT ETWAS ANDERES STUDIERT." (CARSTEN ROTH) „BLEIBT BEI DIESEM HOHEN TAKT ÜBERHAUPT DIE MÖGLICHKEIT, SICH DIE NOTWENDIGE INSPIRATION ZU HOLEN?" *(FRITZ AUER) „KRITIK IST EIN WICHTIGER DISKURS, UM DIE EIGENE ARBEIT ZU REFLEKTIEREN." (JÜRGEN MAYER H.)* „JE LÄNGER MAN DABEI IST, UMSO MEHR WEISS MAN, WAS MAN NICHT WILL." *(REGINE LEIBINGER) „ICH GLAUBE NICHT, DASS KREATIVITÄT VON ERFAHRUNG ABHÄNGT. WAS VON ERFAHRUNG ABHÄNGT, IST, OB DER ENTWURF AUCH DAS HÄLT, WAS ER VERSPRICHT." (MAURITZ LÜPS)* „ES IST SCHWER, EIN HOHES NIVEAU ZU ERREICHEN, ES IST NOCH SCHWERER, DAS AUCH ZU HALTEN." *(CARSTEN ROTH) „ROUTINE UND ERFAHRUNG KÖNNEN AUCH GEFÄHRLICH SEIN, WEIL MAN ZU WISSEN GLAUBT, WAS RICHTIG IST UND WAS NICHT." (MEINRAD MORGER)* „VOR ZEHN JAHREN HABE ICH GENAU GEWUSST, WAS ARCHITEKTUR IST, INZWISCHEN BIN ICH DA ETWAS RATLOSER." *(FLORIAN NAGLER) „DER BEGINN EINER KARRIERE IST SPEKTAKULÄR, WEIL EIN BESTIMMTES WISSEN UND DIE GEWISSE ERNSTHAFTIGKEIT NOCH NICHT DA SIND." (HANS KLUMPP)* „ANDERERSEITS HAT MAN MIT MEHR ERFAHRUNG IMMER WENIGER ANGST VOR UNBEKANNTEN SITUATIONEN UND DAMIT EINE GRÖSSERE GELASSENHEIT." *(HANS KLUMPP) „WIR FANGEN IMMER WIEDER VON VORNE AN, MIT EINEM REICHEREN FUNDUS. UND MAN WEISS IMMER, ES GEHT NOCH BESSER." (JÓRUNN RAGNARSDÓTTIR)*

des Stils losmachen: „Ich möchte mich bewegen können, ich möchte nicht sagen müssen, meine Häuser sind weiß oder schräg, und eigentlich fliegen die und solche Geschichten. Da unterliegt man plötzlich einem unheimlichen Zwang – einer unheimlichen Verpflichtung."
Loslassen und sich entscheiden ... der Entwurfsprozess ließe sich unendlich vertiefen. Interessant wird daher die Frage: Wann verlässt der Maler das Porträt?
„Wann kann man aufhören? ist eine interessante Frage", überlegt INGENHOVEN. „Die kenne ich, diese Frage. Die ist mir bewusst. Ich glaube, sie steht etwas im Gegensatz zu dem, was man als Architekt macht. Weil man das Haus fertig baut – man kann nicht zwischendrin aufhören. Das mit dem Aufhören ist folglich eher eine entwerferische Frage als eine bautechnische Frage." Und wenn sich leise die erste Kritik und Unsicherheit meldet? „Perfekt ist gar nichts!", lautet seine Antwort.
Der kreative Prozess wird dann beendet, wenn man Vertrauen zu dem Resultat hat. „Erst wenn das Gebäude fertig da steht", erklärt MEINRAD MORGER, „können wir schlussendlich feststellen, ob die Idee richtig war. Obwohl wir unseren Arbeitsschritten vertrauen, können wir uns durchaus auch mal irren. Der Ablauf ist auch kaum gradlinig. Es gibt Verwerfungen, Rückschritte, Fehler. Wichtig ist, diese zu erkennen und zu korrigieren. Durchaus wird die langjährige Erfahrung den Prozessablauf beeinflussen – positiv (selbstkritisch) wie auch manchmal negativ (selbstgefällig)."

SISYPHOS

Ist Kreativität eine Begabung oder eine Technik, die sich mit entsprechender Übung trainieren lässt? Wie quälend oder einfach ist für Architekten der Prozess des Schaffens? Macht Übung den Meister? Oder beginnt erst der Meister so richtig zu üben? Es scheint Architekten zu geben, denen die Ideen nur so zufliegen. Sie verfügen über eine schier endlose Kreativität, die sie mit Leichtigkeit abschöpfen. HADI TEHERANI wirkt wie ein solch Begnadeter. „Manchmal entsteht die Idee schon beim ersten Kennenlernen des Bauherrn, im Gespräch mit ihm."

Doch die Mehrzahl der Befragten erlebt diesen Prozess anders: anstrengend und bisweilen schmerzhaft.
ARMAND GRÜNTUCH beschreibt sein Empfinden, wenn er vor einem weißen Blatt Papier sitzt, also am Anfang einer Planung, so: „Ich habe dann das Gefühl, die Welt ständig neu erfinden zu müssen. Das ist jedes Mal so eine Art Geburtsschmerz, den man nur mit Routine und Erfahrung ausgleichen kann."
JÜRGEN MAYER H. kann nachts manchmal nicht schlafen, so sehr bewegen ihn seine Gedanken, und FLORIAN NAGLER erzählt, wie „quälend" das Entwerfen für ihn sein kann: „Das ist mental sehr anstrengend. Und es ist nicht einfach, das, was man sich überlegt hat, in aller Konsequenz auch bis zum Schluss durchzuhalten. Kosten, Termine, schlechte Handwerker (falls es überhaupt noch Handwerker sind) auf dem Bau, die vielen Vorschriften, die auf einen niederprasseln."
Für CARSTEN ROTH ist diese Phase zwar schön, aber derart anstrengend, dass er offen zugibt: „Wenn ich gewusst hätte, wie anstrengend Architektur ist, hätte ich vielleicht etwas anderes studiert. Anstrengend ist, wenn die Aufgabe im gestalterischen Sinne nicht gelöst ist. Das bereitet fast physische Schmerzen – das gilt auch dann, wenn ich mir ein nicht stimmiges anderes Werk ansehen soll. Dann krampft sich mein Magen zusammen. Jede Gestaltung ist ein Problem, eine ungelöste Aufgabe ist unerträglich, und weil ein Mensch diesen Zustand nicht ertragen will, weiten sich die Sinne, und die ganze Welt wird durchgescannt mit allen Sinnen, die man hat ... Alles wird geprüft, dient es vielleicht der Lösung des Problems und dem Beenden des unerträglichen Zustands? Dieses ständige Denken an die Problemlösung ist entscheidend."
WOLF-ECKART LÜPS spürt regelrechten Zorn, wenn seine Kreativität nicht das leistet, was der Kopf sich wünscht. „Dieser Zorn ist auch ein Accelerator, ein Beschleuniger der Inspiration."
Das schöpferische Erfinden kann einen Architekten lange beanspruchen, wie NIKOLAUS BIENEFELD gesteht: „Ich brauche dafür immer sehr viel Zeit, muss ich gestehen. Ich bin gerade in so einem Prozess, ich soll auf einem Grundstück ein Einfamilienhaus planen und kreise mich da so langsam vor. Ich besorge mir erst mal den Lageplan, sehe mir die Topografie an, sehe mir die Umgebung an, wie ist der Ort gewachsen, wie ist er entstanden, welche klassischen Materialien werden dort verwendet? Und ich stelle

KREATIVITÄT

mir die Frage: Grenzt man sich ab oder biedert man sich an?" Bedeutet dieser Prozess auch für ihn etwas Quälendes? „Man quält sich schon. Es gibt immer Ecken, die einen stören, die jetzt nicht sein müssen, oder es gibt sonstige Zwänge durch das Raumprogramm, durch die Baukosten und so weiter."

Der erfahrene WOLF PRIX erzählt von einer anderen Hürde. Man werde im Lauf der Zeit zwar selbstbewusster und würde der eigenen Kreativität mehr Vertrauen entgegenbringen. Zudem würde das Denken ökonomischer ablaufen: „Früher war es kein Problem, die Sachen hundertmal durchzudenken und zu erneuern. Jetzt spürt man früher, welche Lösungsansätze eher zum Erfolg und zur Lösung des Problems führen können." Dennoch stünde er bisweilen vor dem Problem, die fantasieträchtige Suche nach Lösungen aus Zeitmangel abzubrechen, bevor er selbst zufrieden ist.

Gleiches berichtet FRITZ AUER: „Manchmal leidet die Kreativität durch die Belastung der hohen Frequenz an Wettbewerben. Wenn ich sehe, was wir da an Output fabrizieren müssen, um an unsere Aufträge zu kommen! Das ist dann schon so viel, dass man sich fragt, bleibt bei diesem hohen Takt überhaupt die Möglichkeit, allein schon in zeitlicher Hinsicht, sich die notwendige Inspiration zu holen?"

GIPFELSTÜRMER

Jeder kreative Mensch hat mit der Zeit Strategien entwickelt, mit deren Hilfe er Hindernisse, Irrungen und Wirrungen seines Talents bewältigen kann.

„Es gibt ein gewisses Vertrauen, falls man einmal in eine Sackgasse gerät, dass man Techniken hat, die wieder herausführen. Aber prinzipiell gibt es keine Allheilmethode, mit der alles funktioniert. Man braucht oft auch jemanden von außerhalb, der sagt, das ist noch nicht richtig, oder da fehlt noch was. Kritik ist ein wichtiger Diskurs, um die eigene Arbeit zu reflektieren", erklärt uns JÜRGEN MAYER H. Fühlt sich WOLF-ECKART LÜPS mal von seiner Kreativität verlassen, besinnt er sich auf seine persönlichen Vorbilder: „Zuweilen denke ich an geistige Wahlverwandte und frage mich, wie sie an die Arbeit herangehen würden. Eigentlich ein kindliches Denken."

Wird die kreative Leistung durch Erfahrung einfacher? Die Antworten der Architekten sind ambivalent, REGINE LEIBINGER resümiert: „Je länger man dabei ist, umso mehr weiß man, was man nicht will."

Sehr wenige Architekten, PETER HAIMERL oder WOLFGANG TSCHAPELLER beispielsweise, spüren mit den Jahren, wie zunehmend Leichtigkeit diesen Prozess bestimmt. Tschapeller meint, er könne mit seiner Kreativität nun spielerischer umgehen: „Der Anteil an Freude vergrößert sich. So muss man das sagen. Das ist wie mit jedem Ding, das man mit einer gewissen Fertigkeit macht, ob das jetzt Klettern an überhängenden Wänden oder im Segelboot ist, wo man gegen den Wind kreuzt."

LÜPS senior betont ebenfalls, man werde im Lauf des Berufslebens mutiger und freier, das Entwerfen würde sich dadurch erleichtern. Hier widerspricht ihm sein Sohn: „Ich glaube nicht, dass Kreativität von Erfahrung abhängt. Was von Erfahrung abhängt, ist, ob der Entwurf auch das hält, was er verspricht." DIETMAR EBERLE dagegen betont die Bedeutung von Erfahrung und vermerkt, ein Großteil bedeutender Bauwerke stamme schließlich von Architekten, die älter als 50 Jahre sind. Einen wesentlichen Teil des Wissens in der Architektur könne nun mal nicht theoretisch vermittelt werden.

„Der Kreativitätsprozess wird einfacher, wenn man eine gewisse Fertigkeit erwirbt", erläutert CARSTEN ROTH. „Man tappt nicht mehr so schnell in Sackgassen, man lernt schneller, die richtigen Entscheidungen zu fällen und Irrwege zu vermeiden. Aber das heißt noch lange nicht, dass man auf dem richtigen Pfad ist." Und in einem Atemzug nennt er den quälenden Begleiter: Der Anspruch an sich selbst wächst, Erfahrung kann auch hemmen. „Es ist schwer, ein hohes Niveau zu erreichen, es ist noch schwerer, das auch zu halten. Ich weiß zwar, wie ich ein hohes Niveau erreichen kann, aber auch, dass ich mich auf dem Weg dorthin vollkommen verausgabt habe. Um das hohe Niveau dann halten zu können, muss ich mich jedes Mal wieder vollkommen verausgaben."

JAN KLEIHUES bestätigt Roths Einschätzung des steigenden Qualitätsanspruchs, allerdings werde es im Lauf der Zeit einfacher, den Ort richtig zu erfassen.

MEINRAD MORGER steht Erfahrungswerten mit gemischten Gefühlen gegenüber und wägt ab: „Routine und Erfahrung können auch gefährlich sein, weil man zu wissen glaubt, was richtig ist und was nicht. Man muss wachsam

KREATIVITÄT

sein, das Alter bringt einen nicht schneller zum Ziel. In mancher Hinsicht hilft einem schon die Routine, aber bei gedanklichen Konzepten hilft einem die Routine nicht. Im Gegensatz zu anderen Berufen stehen wir immer vor dem Problem des weißen Papiers. Es wird einem vielleicht durch die Erfahrung vieles klarer, nicht aber durch Routine, diesen Prozess des Werdens, weil man letztlich nie genau weiß, was dabei herauskommt."

Erfahrung könne durchaus zum Handicap werden, warnt FLORIAN NAGLER: „Kreativität wird im Lauf der Zeit deswegen immer schwerer. Vor zehn Jahren habe ich genau gewusst, was Architektur ist, inzwischen bin ich da etwas ratloser."

Ähnlich äußert sich HANS KLUMPP. Er glaubt, dass der Weg immer steiler wird, da mit zunehmender Erfahrung alles komplexer wird und man irgendwann glaubt, alles „richtig" machen zu können: „Der Beginn einer Karriere ist spektakulär, weil ein bestimmtes Wissen und die gewisse Ernsthaftigkeit noch nicht da sind. Dem Architekten ist die Verantwortlichkeit gegenüber einem Ort und den Menschen häufig noch nicht so bewusst. Gerade daher kommen mit größerer Leichtigkeit Neuerungen und andere Ansätze. Andererseits hat man mit mehr Erfahrung immer weniger Angst vor unbekannten Situationen und damit eine größere Gelassenheit. Man glaubt nicht mehr an die Lösung, sondern man weiß, dass es mehrere Lösungen gibt."

Das Lebensalter bestimmt also die schöpferische Arbeit des Architekten. Da ist es entscheidend, dass die Erwartungen und das Erreichte zusammenpassen, er sollte wissen, dass sich nicht nur seine Architektur, sondern auch sein eigenes Urteil darüber ändert. Eine Gleichung mit Variablen! „Entwerfen ist eine anstrengende Arbeit, weil man immer ganz lange in der Unsicherheit ist, ob das der richtige Weg ist. Es ist nicht wie Mathematik, wo es dann ein klares Resultat gibt", beschreibt MEINRAD MORGER dieses Ereignis. „Dieser Prozess ist sicher kein leichter. Doch wenn der Entwurf von einer Haltung geprägt ist, gründet die Arbeit auf einer stabilen Grundlage. Uns beschäftigen dabei viel weniger formale Fragen als die präzise Entwicklung einer konzeptionellen Idee. Der Ablauf ist zwar in der Regel der gleiche, das Resultat jedoch immer ein anderes."

NIKOLAUS BIENEFELD, einige Jahre jünger als MORGER, kennt das schon zur Genüge: „Ich meine, dieser Prozess wird schwerer, weil ich immer mehr dazulerne und den Raumbegriff immer ernster nehme. Dadurch wird er stets komplexer." Und HERMANN CZECH bekennt uns gar, ein Architekt sei in dieser Phase oft verzweifelt, schließlich könne man sich nicht an Selbstkritik gewöhnen.

Fazit: Kreatives zu leisten wird für die meisten Architekten im Lauf der Zeit schwieriger und komplexer. Sie drehen sich in einer Spirale, stecken in einem Dilemma, verursacht durch steigende Erfahrung und wachsende Selbstkritik. Dennoch hat Kreativität schöne, lustbetonte Seiten – die letztlich überwiegen. Andernfalls würde man die Leidenschaft an der Aufgabe verlieren. Und ein guter Architekt ist stets ein lustvoller Architekt.

JÓRUNN RAGNARSDÓTTIR bringt es für alle auf den Punkt: „Wir fangen immer wieder von vorne an, mit einem reicheren Fundus. Und man weiß immer, es geht noch besser. Wir überprüfen immer wieder alles aufs Neue. Dieser Prozess benötigt eine Leidenschaft, weil er das Leiden beinhaltet. Du musst bereit sein, ihn auszuhalten. Und man braucht eine Sturheit, bei der man alles (mögliche Kritiken, mögliche Fehler usw.) abschüttelt." Sie hält kurz inne und lächelt: „Und Glück braucht man auch."

JÓRUNN RAGNARSDÓTTIR
„UND GLÜCK BRAUCHT MAN AUCH."

ÜBERRASCHENDE DETAILS

FLORIAN NAGLER ARCHITEKTEN

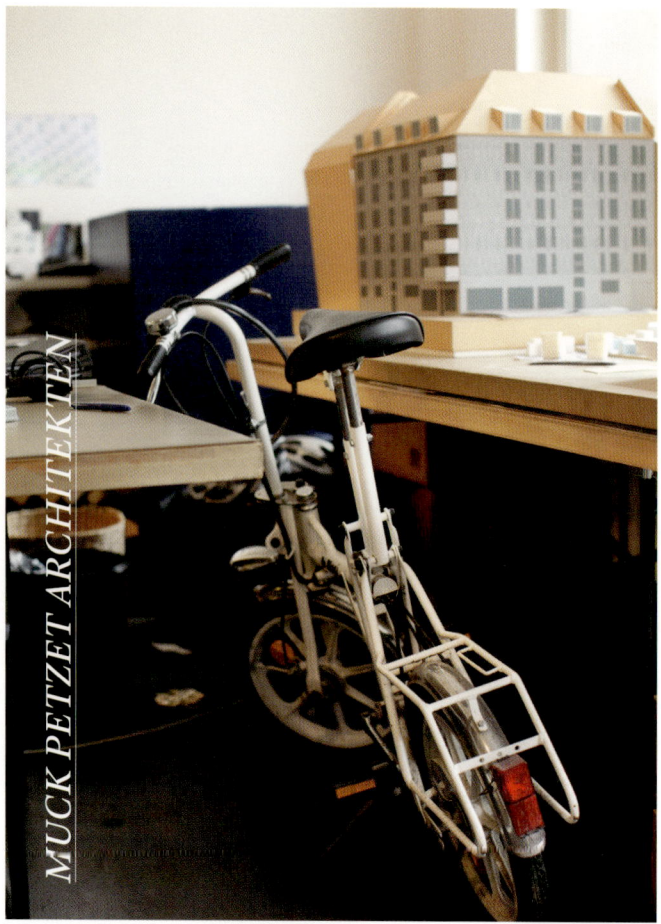

MUCK PETZET ARCHITEKTEN

BARKOW LEIBINGER ARCHITEKTEN

BARKOW LEIBINGER ARCHITEKTEN

ALLMANN SATTLER WAPPNER . ARCHITEKTEN

KLEIHUES + KLEIHUES

ÜBERRASCHENDE DETAILS

TALENTSCHMIEDEN 5

ARCHITEKT SEIN,
ARCHITEKT WERDEN

TALENTSCHMIEDEN

ARCHITEKT SEIN: DEN GEORDNETEN WAHNSINN LEBEN

Ist Kreativität der Schlüssel zum Erfolg im Architektenberuf? Nein, allenfalls eine wichtige Voraussetzung, so lassen sich die Aussagen der 33 befragten Architekten interpretieren. Gleiches gilt für theoretisches Wissen, räumliches Denken, gutes Zeichnen, technisches Verständnis. Alle diese Faktoren reichen nicht aus, sie werden als selbstverständliche Voraussetzung betrachtet.

Sucht man nach Eigenschaften oder Fähigkeiten, die angehende Architekten besitzen müssen, um den anonymen Tross der Planvorlageberechtigten hinter sich zu lassen, trifft man auf einen Begriff, der eher einen psychischen Zustand beschreibt: Leidenschaft.

Was alles steckt in diesem Wort! Hegel nennt uns den Maßstab: „Es ist nichts Großes ohne Leidenschaft vollbracht worden, noch kann es ohne solche vollbracht werden." „Leiden" bedeutet „erdulden, durchstehen, überstehen" und wandelt sich durch das Suffix „schaft" zu einem „ausgeprägten Hang zu bestimmten Tätigkeiten und Dingen" bzw. zu einer „intensiven, das gesamte Verhalten bestimmenden und vom Verstand nur schwer zu steuernden emotionalen Reaktion". So steht es in den Wörterbüchern.

Die Synonyme für Leidenschaft – etwa Hochstimmung, Rausch, Überschwang, aber auch Fieber, Glut, Taumel, Gier – bezeichnen, mit welcher zwiespältigen Gefühlsintensität Leidenschaft verbunden ist: Glück und Leid. Beides äußert sich unterschiedlich, man muss nicht als Erstes an den Latin Lover denken, Architekten können auch vor stillem Ehrgeiz brennen. Sie spüren im glücklichen Fall einen zur bleibenden Neigung gewordenen Drang für ihren Beruf: Passion! Leidenschaft ist ein konstituierender Begriff für ihre Arbeit. Peter Eisenman sieht darin den Augenblick, wenn der Urheber nicht mehr alles unter Kontrolle hat, Leidenschaft ist „strukturgebend", sie kann „auch zur Entwicklung eines anderen Gedankens dienen – einer anderen Gemeinschaft, die außerhalb des Gegensatzes von den Vielen und dem Einen steht".

Genau diese Doppeldeutigkeit bringen die Architekten zum Ausdruck, wenn sie die wichtigsten Voraussetzungen für ihren Beruf reflektieren.

„MAN MUSS BEREIT SEIN, MEHRERE JAHRE HINWEG 90 STUNDEN IN DIESEN BERUF ZU INVESTIEREN."
(Much Untertrifaller)

An erster Stelle steht die bedingungslose Liebe zur Architektur. „Wenn die räumlichen Erfindungen so atemberaubend sind, dass sie einen die ganze Nacht hindurch im Traum begleiten", dann ist man, glaubt **ADRIAN MEYER**, auf dem richtigen Weg. Leidenschaft, erklären viele Architekten, sei schon deshalb wichtig, weil ihre vergleichsweise schlechte Bezahlung ja irgendwie kompensiert werden müsse. „Leidenschaft ist ein Zustand, ein innerer Drang", findet **MEINRAD MORGER**. „Es braucht keine spezielle Motivation dazu. Niemand zwingt mich zu arbeiten. Die Stunden werden nicht gezählt. Ein schöner erfüllender Zustand. Es ist ein ganz großes Privileg, einen Beruf auszuüben, den man leidenschaftlich liebt und der eine wirkliche Berufung darstellt."

Ausdauer, Geduld, psychische Belastbarkeit und starker Wille folgen auf Rang zwei in unserer nicht repräsentativen Erhebung. „Wir müssen es schaffen, ein Projekt durch dick und dünn durchzuziehen. Und das kostet wahnsinnig viel Nerven. Man wird oft nicht ernst genommen, und man muss mit vielen Beleidigungen seitens der Öffentlichkeit klarkommen", sagt **JÓRUNN RAGNARSDÓTTIR**. „Für das Entwerfen braucht man Muße und Zähigkeit, um es auch zu Ende zu bringen." Mit einer 40-Stunden-Woche ist es nicht getan. „Man muss bereit sein, mehrere Jahre hinweg 90 Stunden in diesen Beruf zu investieren", warnt **MUCH UNTERTRIFALLER**.

An dritter Stelle folgen Selbstinszenierung und Charisma, Faktoren, die vor allem von jenen Architekten genannt werden, die eine gewisse schillernde Aura genießen. „Man sollte ein Bekenntnis zum Populären in sich tragen und für die Gesellschaft interessant sein. Schließlich interessiert man sich nicht nur für das Produkt, sondern auch für den Menschen, der dahinter steht", vertreten **GRAFT** selbstbewusst. „Man muss ein Entertainer sein, man muss von sich überzeugt sein, man muss präsentieren und sich verkaufen können. Und es gehört eine hohe soziale Kompetenz dazu sowie eine gute Allgemeinbildung, um in unserem Beruf als erfolgreich wahrgenommen zu werden", legt **STEFAN BEHNISCH** nach.

MUCH UNTERTRIFALLER

TALENTSCHMIEDEN

EIGENSCHAFTEN ODER FÄHIGKEITEN, DIE ANGEHENDE ARCHITEKTEN BESITZEN MÜSSEN:

LEIDENSCHAFT

AUSDAUER, GEDULD, PSYCHISCHE BELASTBARKEIT

SELBSTINSZENIERUNG UND CHARISMA

HALTUNG UND AUTHENTIZITÄT

NEUGIERDE UND OFFENHEIT

SENSIBILITÄT UND EINFÜHLSAMKEIT

MENSCHENKENNTNIS

INTERDISZIPLINÄRES DENKEN, GLÜCK, EINEN HOHEN QUALITÄTSANSPRUCH UND ORGANISATIONSTALENT

CUKROWICZ NACHBAUR
ARCHITEKTEN

JÓRUNN RAGNARSDÓTTIR

„Wir müssen es schaffen, ein Projekt durch dick und dünn durchzuziehen. Und das kostet wahnsinnig viel Nerven."

MORGER + DETTLI ARCHITEKTEN

„Es ist ein ganz großes Privileg, einen Beruf auszuüben, den man leidenschaftlich liebt und der eine wirkliche Berufung darstellt." (Meinrad Morger)

STEFAN BEHNISCH

„Man muss ein Entertainer sein, man muss von sich überzeugt sein, man muss präsentieren und sich verkaufen können."

TALENTSCHMIEDEN

Etliche Architekten würden durch ihre kommunikativen Begabungen zwar auffallen, könnten jedoch in fachlicher Hinsicht nicht mithalten, hält JAN KLEIHUES mit Blick auf einige illustre Figuren der Szene dagegen. Und umgekehrt gebe es zahlreiche, wirklich gute Architekten, denen der Weg nach oben aufgrund ihres mangelnden Selbstmarketings versperrt bleibe.

Haltung und Authentizität liegen an vierter Position, vorzugsweise genannt von den „Rationalisten", die die Themen Stadt und öffentlichen Raum in den Mittelpunkt rücken, weshalb bei ihnen das schöpferische Spektakel des singulären Objekts zugunsten einer strukturellen Ordnung zurücktritt. Neugierde und Offenheit finden wir auf Platz fünf vor Sensibilität und Einfühlsamkeit. Nur gutes Zuhören und ein gekonntes Zwischen-den-Zeilen-Lesen garantieren, dass Architekt und Bauherr eine gemeinsame Sprache sprechen. „Man benötigt eben Menschenkenntnis", sagt CARSTEN ROTH und klagt, die werde im Studium leider nicht vermittelt. „Da sollte man als Professor den Studenten ansprechen, wenn man der Meinung ist, dass es hieran völlig fehlt." Weit unten auf der Liste rangieren gute Netzwerke. Das Schlusslicht schließlich, weil nur von einem einzigen Architekten ausdrücklich erwähnt, bilden die Kategorien interdisziplinäres Denken, Glück, ein hoher Qualitätsanspruch und Organisationstalent.

Dieser letzte Punkt mündet bei einigen Architekten allerdings in völlig neue Geschäftsfelder – auf denen sie bisweilen scheitern. Europaweite Vergabeverfahren, komplexe Planungs- und Bauaufgaben, geringere Budgets bei öffentlichen Auftraggebern und die zyklisch eintretenden Konjunktureinbrüche haben die Architekten der Konkurrenz von Totalübernehmern ausgeliefert, die überforderten Bauherren „alles aus einer Hand" anbieten. Deshalb wagen sich freie Architekten bisweilen in die riskante Position des Generalplaners, bei dem alle zur Realisierung notwendigen, fachübergreifenden Leistungen verantwortlich zusammentreffen, die er in technischer, wirtschaftlicher und gestalterischer Hinsicht treuhänderisch wahrnimmt.

Da liegt es nahe, nach den künftigen Architekten zu sehen, nach den Studenten und ihren Möglichkeiten während ihrer Ausbildung. Weil die meisten der Architekten an Hochschulen dozieren oder Praktikanten im Büro beschäftigen, pflegen sie einen intensiven Austausch mit der jungen Generation – sie wissen was läuft (oder was auf sie zukommt). Die Ansprüche an die Fähigkeiten und Leistungen des Nachwuchses sind hoch und vielfältig zugleich. Erwartet werden neben fachlichem Wissen und intellektueller Begabung natürlich die gerade aufgeführten Qualitäten. Aber wo und wie werden sie den Studenten vermittelt?

Die Leidenschaft zum Beruf lässt sich bekanntlich wecken; auch durch passionierte Lehrer, wie wir eingangs gesehen haben. Doch soll sie über viele Jahre anhalten und all den Widrigkeiten trotzen, die die Praxis mit sich bringt, braucht es Durchhaltewillen, Energie und Geduld. Die Weichen hierfür können an der Hochschule zwar gestellt werden, auf den Lehrplänen findet man dazu jedoch nichts Verbindliches. Gleiches gilt für den Bereich Kommunikation. „Man lernt zu wenig, wie man gut kommuniziert. Ich glaube, die kommunikativen Fähigkeiten sind bei Architekten komplett unterentwickelt. Leider", konstatiert CHRISTOPH INGENHOVEN. Dies scheint später zu einem professionellen Defizit zu führen. 1993 schrieb der BDA in seinem Jubiläums-Statusbericht, dass „Architekten ein beklagenswert schwaches verbales Argumentationsniveau haben, um den Qualitätsbegriff nach außen überzeugend zu definieren!". Generell läuft bei der Ausbildung nicht alles so, wie es sich die praktizierenden Architekten wünschen. Das Fazit bei der Hälfte unserer Befragten lautet: Architekturstudenten werden zu einseitig auf ihren Beruf vorbereitet. Ein Viertel meint, es hätte sich im Vergleich zu früher, als sie selbst studierten, nichts Wesentliches geändert. Das andere Viertel ist von den Qualitäten der zukünftigen Architekten überaus angetan.

EXKURS: SCHULD IST DER COMPUTER

Ein Großteil der Studenten verbindet mit Architektur nur noch schöne Bilder, Hüllen ohne nennenswerte Inhalte, heißt es. Hervorgerufen werde dieses Phänomen zum einen durch eine auf Zweidimensionalität reduzierte Wahrneh-

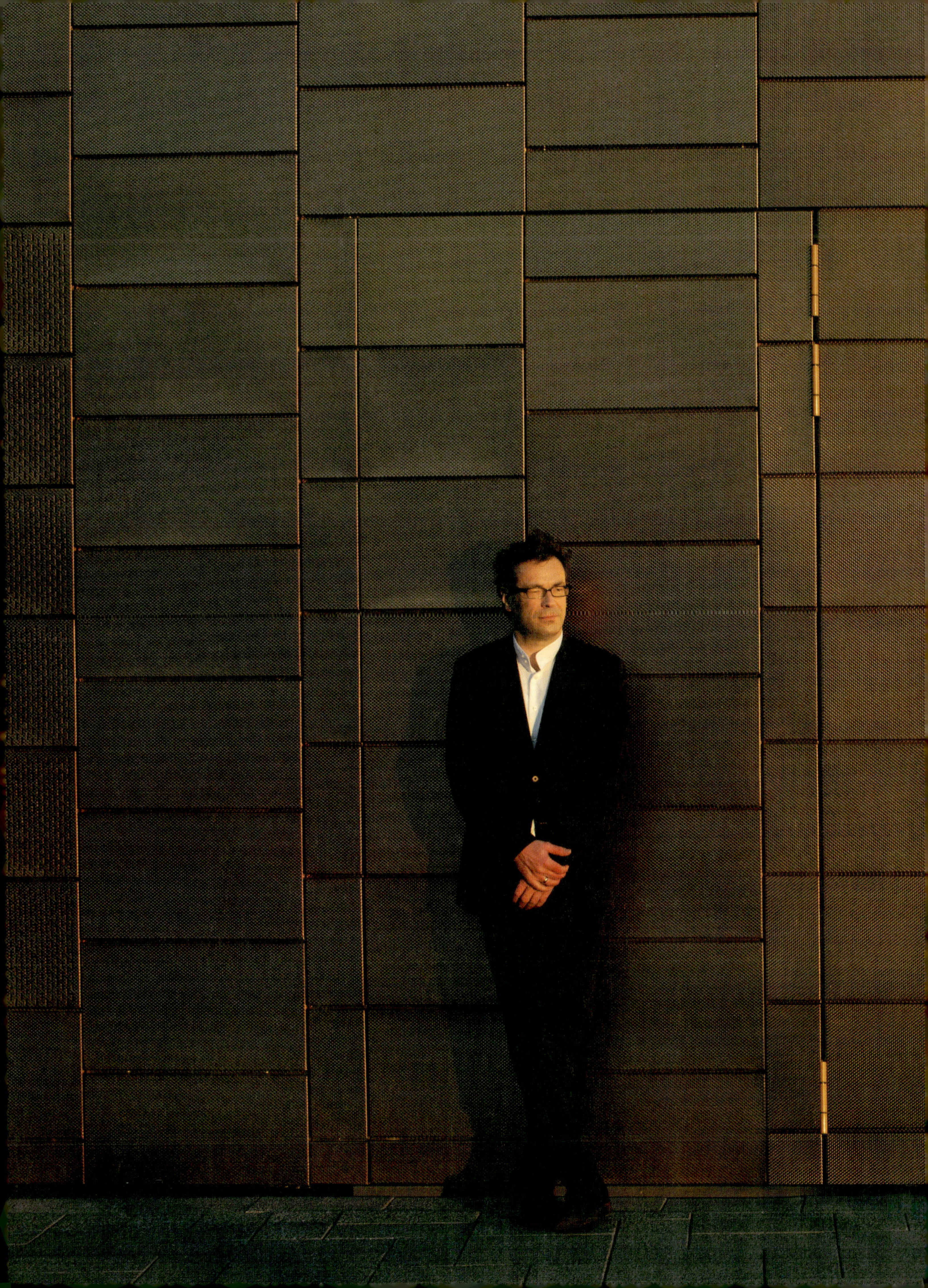

CARSTEN ROTH
„MAN BENÖTIGT EBEN MENSCHENKENNTNIS."

HIENDL_SCHINEIS

TALENTSCHMIEDEN

„WENN ES HART WIRD, UND UNSER BERUF IST HART, DER DRUCK VON ALLEN SEITEN IST UNSER ALLTAGSGESCHÄFT, DANN KNICKEN DIE MEISTEN EIN. DAS STRUKTURELLE UND SELBSTSTÄNDIGE ARBEITEN FEHLT."
(Regina Schineis)

mung. Architektur werde in den Medien zunehmend inszeniert, unwirklich verfremdet, glamourös isoliert, beobachtet DIETMAR EBERLE. „Sobald die Studenten die Objekte in der Realität sehen, sind sie zu 99 Prozent fürchterlich enttäuscht."

Die Verlockung, schöne Bilder zu Lasten ordentlicher Architektur zu generieren, wird unter anderem durch die Arbeit am Computer hervorgerufen. Darin sind sich die meisten Architekten einig. Überhaupt, der Computereinfluss auf das Architekturstudium nehme bisweilen skurrile Formen an, wundert sich PETRA KAHLFELDT und berichtet von einem Dozenten, der seinen Studenten beibringt, wie man das Entwerfen ganz und gar dem Computer überlässt: „Die geben irgendwelche Parameter ein, und das Computersystem rechnet dann einen Körper und rechnet und rechnet. Er generiert Räume und Körper so lange, bis man ihn stoppt. Und da soll dann das Produkt ein Haus sein?"

Im Hintergrund dieser für viele befremdlichen Veränderung darf man den Einfluss Peter Eisenmans sehen. Der amerikanische Architekturphilosoph betrachtet es nach dem angeblichen Ende des theozentrischen und anthropozentrischen Weltbilds als obsolet, dass Architektur ihren Wert aus einer außerhalb ihrer selbst liegenden Quelle holt. Vielmehr müsse der Architekt der Gegenwart ihr erlauben, „selbst eine Ursache zu sein". Damit steht nicht das fertige Haus, sondern das Ereignis, der nicht-lineare Prozess des Entwerfens im Mittelpunkt, um zu nicht vorhersagbaren Ergebnissen zu kommen. Das zeigt, dass die unterschiedlichen Auffassungen der Architekten ungefiltert an den Hochschulen angekommen sind.

So wundert es nicht, wenn die Architekten, die eher eine handwerkliche, klassische Moderne vertreten, resigniert feststellen, dass das Entwerfen am Computer zur Beliebigkeit führt. Beflügelt von einem „Anything goes-Gefühl" sind Studenten stets verleitet, die Sprache der Architektur neu zu erfinden. „Das ist jedoch Unsinn", moniert PAUL KAHLFELDT. „Das ‚Wie' des Erzählens, das ist die eigentliche Kunst der Architektur."

VOLKER STAAB geht hier noch einen Schritt weiter. Teilweise sei es bei Studenten Mode geworden, sich gerade nicht mit Architektur zu befassen, sondern nur noch mit künstlerischen Objekten. Der Computer verführe zu immer fantastischeren Formen und Figuren. „Dadurch entsteht eine gewisse Entfremdung vom eigentlichen Prozess des Bauens und die Gefahr der Vereinfachung der komplexen Randbedingungen von Architektur. Der Zugang zur räumlichen Organisation bleibt dabei auf der Strecke. Man muss auch die Inhalte organisieren. Vieles hat keinen wirklichen Bezug mehr, weder zum Ort noch zur inhaltlichen Aufgabe."

Selbst die beiden jungen Architekten MORITZ und PHILIPP AUER finden die rasante Entwicklung der Computertechnologie bedenklich und meinen, die Kreativität würde darunter leiden, insbesondere was die Gestaltung von Innenräumen anbelangt.

„Bei Bewerbungsgesprächen stellen wir oft fest, dass etwas toll aussieht, aber inhaltlich nicht funktioniert. Außerdem wissen viele Studenten gar nicht, warum sie ausgerechnet diese und keine andere Form gewählt haben." Auch MUCH UNTERTRIFALLER bedauert, Studenten würde die Bedeutung inhaltlicher Aspekte nicht mehr vermittelt, vielmehr „werden Gedanken animiert, inhaltsleere Bilder zu produzieren".

Es klingt nach Resignation, wenn JAN KLEIHUES den Nachwuchs „eine Katastrophe" schimpft. Der Zugang zu ordentlichem Handwerk fehle ihm. „Das hat auch damit zu tun, dass dieses nicht mehr gelehrt wird. Es ist eben anstrengender, Baukonstruktion zu lehren, als mit den Studenten schöne Häuser zu entwerfen. Schließlich wollen die Studenten lieber Luftschlösser bauen."

Zudem lassen sich manche Studenten verführen, fertige Detaillösungen herunterzuladen und sinnlos zusammenzukopieren. „Dadurch passen die einzelnen Ebenen nicht mehr zusammen. Fertige Details werden in unfertige Konzepte importiert. Man muss den Studenten erst mal wieder eine klare Struktur beibringen", kritisiert FLORIAN NAGLER.

Die Entfremdung von der Materialität ist eine weitere negative Folgeerscheinung der aseptischen Arbeit am Computer. Teilweise wüssten die Studenten nicht einmal mehr, welche Abmessungen ein Ziegel hat, eine Dachlatte, gar ein Stahlträger.

JULIA und HANS KLUMPP sehen als Nebenwirkung und Fehlerquelle bei der ausschließlichen Verwendung des Computers: Beschleunigung. „Man kann so schnell einen Grundriss kopieren, vergisst aber dabei mitzudenken. Führt man mit der Hand einen Stift auf dem Papier, bedeutet dies hingegen Langsamkeit und ausreichend Zeit zum Nachdenken und zum Richtigmachen."

DER IDEALE STUDENT:
BEINHART, ABER MIT HERZENSBILDUNG
Der Computereinfluss spielt, gemessen an den anderen Faktoren, die die Architekten bei den jungen Studenten beklagen, dennoch eine marginale Rolle.
Sorgen bereitet ihnen die psychische Befindlichkeit des Nachwuchses. Es fehlt an Biss und Durchhaltevermögen. Prüfungen werden mit Krankschreibungen umgegangen oder aufgeschoben, wie JAN KLEIHUES erfahren musste. REGINA SCHINEIS stellt mit Bedauern fest, dass sich die fehlende Beharrlichkeit im Büroalltag fortsetzt. „Wenn es hart wird, und unser Beruf ist hart, der Druck von allen Seiten ist unser Alltagsgeschäft, dann knicken die meisten ein. Das strukturelle und selbstständige Arbeiten fehlt."
„Eigenständiges Nachdenken sowie die eigentliche Verpflichtung, qualitätvolle Architektur zu machen, das scheint heute nicht mehr zwingend auf den Vorlesungsplänen zu stehen", beklagt sich HANS KLUMPP. Und JULIA KLUMPP hat das Gefühl, die jungen Architekten hätten heute wenig Lust, diese Verantwortung zu tragen.
Was besonders schwer wiegt, sei die mangelnde Fähigkeit zur Selbstreflexion. Viele Studenten haben ein vollkommen übersteigertes und abgehobenes Selbstbild. Sie sind sich selbst Idol, wundert sich WOLF PRIX. „Bei meiner Eignungsprüfung frage ich immer: Wer ist Ihr Vorbild? Ich habe keine Vorbilder, das bin ich selber, lautet die Antwort. Ich habe das Gefühl, dass viele in der Früh aufstehen, in den Spiegel schauen und sagen: Ah, heut bin ich wieder supercool. Fragenstellen ist uncool, und sich was Sagenlassen ist noch uncooler." Prix erklärt dieses Phänomen unter anderem mit einer zunehmenden gesellschaftlichen Verunsicherung, denn: „Wer selbstsicher ist, der fragt auch."

REGINE LEIBINGER sagt, fast schon entschuldigend, die Leute seien einfach zu jung. „Architektur ist ein Studium, da braucht man eine gewisse Reife und Zeit."
Den Studenten von heute fehle es an „seelischer Bildung", diese Meinung vertritt JÜRGEN BÖGE. „Wir haben während des Studiums viele unterschiedliche Sachen gemacht wie Gedichte analysieren oder Aktzeichnen. Dieses Umfeld, dieser Kranz, der unseren Beruf reich macht, der gehört immer dazu. Wenn man das nicht lernt, kriegt man das später nicht mehr hin." Es klingt nach den alten Tugenden, die schon Fritz Schumacher gefordert hat: „Liebe zum Menschen. Ein Architekt kann ohne sie das Beste nicht erfüllen. All sein Werk bezieht sich ja auf Menschen." Er soll „der Kultur seiner Zeit die lebensvolle Form" geben, umschrieb der Hamburger Baudirektor pathetisch die Bestimmung seiner Zunft. Und man sucht auch heute keine abgebrühten Technokraten. Neugierde, die durch einen ansprechenden Lebenslauf zum Ausdruck kommt, macht einen Bewerber für die guten Architekturbüros attraktiv. „Uns interessieren Studenten, die keine gerade Vita haben, sondern eher solche, die bereits in jungen Jahren einen höheren Reflexionsgrad erreicht haben", erklärt FLORIAN NAGLER.

NON SCHOLAE, SED VITAE?
Die Urteile über die Architektenausbildung fallen sehr unterschiedlich, überwiegend negativ aus. Deshalb darf man sich an eine immer noch zutreffende Beobachtung Volker Roschers aus den 80er Jahren erinnern, die die beklagte Unbrauchbarkeit der Berufsanfänger relativiert. Denn: Für die Architekturabteilungen werden „die wenigsten formalen Qualifikationen gefordert", dort sind „also die wenigsten promovierten oder habilitierten Professoren an den Hochschulen vorhanden". Die Lehre wird von Praktikern bestimmt, die sich an der ausschnitthaften Wahrnehmung ihrer eigenen Tätigkeitsfelder orientieren und damit nicht „die planerischen Aufgaben in ihrer gesellschaftlichen Bestimmtheit zu lehren oder wissenschaftlich zu erforschen" in der Lage sind. Das heißt, die kritische Distanz der Universität „kommt zwangsläufig in das Schlepptau einer fragwürdigen Praxis, wenn der Architekturprofessor seine wissen-

TALENTSCHMIEDEN

WOLF PRIX
„WER SELBSTSICHER IST, DER FRAGT AUCH."

PAUL KAHLFELDT
„DAS ‚WIE' DES ERZÄHLENS, DAS IST DIE EIGENTLICHE KUNST DER ARCHITEKTUR."

FLORIAN NAGLER
„FERTIGE DETAILS WERDEN IN UNFERTIGE KONZEPTE IMPORTIERT. MAN MUSS DEN STUDENTEN ERST MAL WIEDER EINE KLARE STRUKTUR BEIBRINGEN."

JULIA UND HANS KLUMPP
„MAN KANN SO SCHNELL EINEN GRUNDRISS KOPIEREN, VERGISST ABER DABEI MITZUDENKEN. FÜHRT MAN MIT DER HAND EINEN STIFT AUF DEM PAPIER, BEDEUTET DIES HINGEGEN LANGSAMKEIT UND AUSREICHEND ZEIT ZUM NACHDENKEN UND ZUM RICHTIGMACHEN."

GRAFT ARCHITEKTEN
„WIR FINDEN ES DRAMATISCH, WIE LANGWEILIG, NICHT ZUKUNFTS-ORIENTIERT UND MUTLOS DIE DEUTSCHE HOCHSCHULLANDSCHAFT GEWORDEN IST."

HADI TEHERANI
„WIR HABEN EINEN GESUNDEN DURCHSCHNITT, ABER DIE SPITZE FEHLT, DIE IST NACH UNTEN GEKLAPPT."

ADRIAN MEYER
„MAN HAT OFFENBAR IN DEUTSCHLAND ZU LANGE GEGLAUBT,
AN DER BILDUNG SPAREN ZU KÖNNEN."

STEFAN BEHNISCH
„DAS SIND INTERESSIERTE, FÄHIGE JUNGE LEUTE. ES LIEGT WOHL IN
UNSERER PSYCHOLOGIE ODER BIOLOGIE BEGRÜNDET, DASS WIR
DEN JUNGEN GEGENÜBER MISSTRAUISCH SIND. WEIL DIE ES SIND, DIE
UNS IRGENDWANN MAL AUS DEM RUDEL AUSSTOSSEN WERDEN."

HADI TEHERANI
„WENN MAN SUCHT, DANN FINDET MAN ÜBERALL GUTE UND
KREATIVE STUDENTEN. ERST WENN SIE EIN EIGENES BÜRO GRÜNDEN,
MERKT MAN, WIR GUT SIE SIND."

CARSTEN ROTH
„GEWISSE DINGE BENÖTIGEN ABER ZEIT, UND WENN DIE STUDENTEN
DIESE NICHT HABEN, ERLEBEN SIE AUCH NICHT, DASS MAN BESTIMMTE
DINGE ERST NACH EINER GEWISSEN ZEIT HERAUSFINDET. UND DANN
VERSUCHEN SIE ES ERST GAR NICHT MEHR. DAS IST DIE SCHWIERIG-
KEIT, MIT DER WIR ES HEUTE ZU TUN HABEN."

JÓRUNN RAGNARSDÓTTIR
„ALL DIE PRAKTIKANTEN, DIE BEI MIR IM BÜRO ARBEITEN,
SIND HOCH MOTIVIERT UND FLEISSIG."

DIETMAR EBERLE
„SO WIE SIE SICH MIR DARSTELLT, HAT DIE NEUE ARCHITEKTEN-
GENERATION EIN VIEL HÖHERES POTENZIAL ALS IN DEN 90ER JAHREN:
AUFGESCHLOSSEN, ZEITBEWUSST, KRITISCH, WUNDERBAR."

TALENTSCHMIEDEN

schaftliche Qualifikation nur durch private Bauaufträge nachweisen muss", so seinerzeit Manfred Throll. Diese Kritik folgt dem vor allem in den 70er Jahren von Klaus Brake analysierten „Verwertungsprozess des Kapitals", in den die Architekten bereits während ihres Studiums eingeflochten würden.

Abseits der folgenreichen Studentenbewegung muss man heute die nachfolgenden Einschätzungen der Architekten sowohl als eine Generationen- als auch eine gesellschaftspolitische Frage sehen. Da im härter werdenden globalen Kampf um Aufträge die Chancen für Absolventen aus Deutschland offenbar immer geringer werden, haben die Architekten v. Gerkan, Marg und Partner 2007 sozusagen in Selbsthilfe über ihre gmp-Stiftung die Academy for Architectural Culture gegründet. Die AAC bietet als Zusatzstudium „einen unmittelbaren Praxisbezug [...] nicht zuletzt durch seine internationale Ausrichtung". Ob es sich um eine Elite-Uni, ein Begabtenrepetitorium oder eine Privathochschule handelt, lässt sich noch nicht absehen. Aber solche Initiativen zeigen: Schluss mit lustig. Die Zeit fürs Flachsen ist vorbei!

Die reguläre Ausbildung, die an den deutschen, schweizerischen oder österreichischen Hochschulen geboten wird, kann in ihrer Qualität nicht unterschiedlicher sein, bestätigen die meisten Architekten. Ebenso gehen die Meinungen zu den Hochschulen der einzelnen Länder auseinander. Die einen loben Wien, die anderen Stuttgart, Braunschweig oder Darmstadt. Die ETH (Eidgenössische Technische Hochschule) in Zürich gilt für viele jedoch als Leuchtturm. Die Hochschulen in Österreich werden als künstlerisch verspielt beschrieben. Die deutschen Hochschulen gelten zwar als grundsolide, dafür langweilig.

Besonders hart ins Gericht mit ihnen gehen die auslandserfahrenen Partner von GRAFT, die sich bereits in jungen Jahren auf den Weg in die USA gemacht hatten: „Wir finden es dramatisch, wie langweilig, nicht zukunftsorientiert und mutlos die deutsche Hochschullandschaft geworden ist. Wir stellen fest, dass die deutschen Hochschulen den Anschluss verlieren. Klar, sie sind nach wie vor gut, es kommen gute Leute raus. Aber es gibt fast niemanden, der an die Spitze kommt. Welche deutschen Architekten können Sie benennen, die international wirklich eine Reputation haben? Fast keinen – und das bei einem Land, das so viele Architekten ausbildet. Österreich hängt uns ab, Holland hat uns schon lange hinter sich gelassen. Hier aber gibt es sehr viel Durchschnitt. Das liegt daran, dass es immer noch zu wenig Wettbewerb gibt. Kein frisches Blut. Und weil etablierte Strukturen den Wettbewerb scheuen, lassen sie auch junge Leute nicht mehr ran. Junge, interessante Kollegen haben keine Chance auf den Hochschulen. Sie werden nicht zugelassen. Es gibt all erdings nunmehr ein paar Lichtblicke. Außerdem haben wir in den Zeiten des ZVS studiert. Jetzt sind die Hochschulen zu sehr regional ausgerichtet. Da befruchtet sich nichts mehr, und es wird langweilig."

HADI TEHERANI glaubt, dass die Ausbildung in Deutschland, was den technischen Part betrifft, auf einem guten Niveau ist. Die experimentellen, konzeptionellen Ansätze, wie sie etwa in London oder in den Niederlanden vermittelt werden, würden hierzulande jedoch vernachlässigt. „Wir haben einen guten Durchschnitt, aber es fehlt uns in der internationalen Konkurrenz vielfach die Spitze."

Aber woran mag das liegen? Gibt es eine Verschwörung bei den Berufungsverfahren? Schließlich, wie erwähnt, lehren doch fast ausschließlich Praktiker, oft mit strapaziösen „Spagatprofessuren", und dennoch verlassen keine bürotauglichen Absolventen die Hochschulen?

Als eine Ursache wird die Einführung des Bachelor- und Mastersystems gesehen. Statt Intensität findet eine Verkürzung statt, meint NIKOLAUS BIENEFELD. Die Studenten haben zu wenig Zeit, den umfangreichen Lehrstoff zu verinnerlichen. Und so kommen sie halbfertig, psychisch unreif mit minimalem Grundwissen in die Büros, wo sie laut JÓRUNN RAGNARSDÓTTIR innerhalb von sechs Monaten mehr lernen als in der gesamten Hochschulzeit. CARSTEN ROTH stellt fest, dass die Studenten zu keinen großen Entwürfen mehr kommen, die über ein Jahr laufen. „Gewisse Dinge benötigen aber Zeit, und wenn die Studenten diese nicht haben, erleben sie auch nicht, dass man bestimmte Dinge erst nach einer gewissen Zeit herausfindet. Und dann versuchen sie es erst gar nicht mehr. Das ist die Schwierigkeit, mit der wir es heute zu tun haben."

KLEIHUES+KLEIHUES

ARBEITSPLÄTZE

Nach dem Bologna-Prozess funktionierten die Universitäten nicht anders als Schulen. Architektur werde nur noch vorgekaut. „Eigenständiges Nachdenken sowie Verantwortung, Gutes bauen zu wollen, das geht in einem schulischen Lehrbetrieb leicht unter", hat FLORIAN NAGLER festgestellt. Stattdessen lerne man im klassischen Architekturstudium, sagt MUCK PETZET, immer noch, „wie man hübsche Häuser auf schöne, leere Grundstücke baut". Damit, so der Architekt, dessen Büro sich auf Umbauten, Sanierung und Denkmalpflege spezialisiert hat, ginge die Ausbildung an den tatsächlichen Bedürfnissen vorbei. Zeitgemäß sei eine zukunftsfähige Transformation des Bestands. „Natürlich kommen diese Themen langsam auf, allerdings 15 Jahre zu spät. Wo gibt es denn einen Lehrstuhl für Umbau?" fragt er. GUNTER HENN moniert ebenfalls die Einseitigkeit des Lehrstoffs. Ein Großteil der Ausbildung konzentriere sich allerdings bloß auf den pragmatischen Part, das „Architektur Denken" kommt zu kurz.

Der Nachwuchs stoße in Deutschland auf wesentlich ungünstigere Bedingung als anderswo, weil es hier zu viele Studenten gebe, meint der Österreicher MUCH UNTERTRIFALLER fast schon entschuldigend. Währenddessen beobachtet der emeritierte ETH-Professor ADRIAN MEYER, wie immer mehr deutsche Hochschüler für den Master nach Zürich streben, sodass die Betreuungsqualität auch dort allmählich abnehme. Viele dieser Studenten seien zudem unterqualifiziert. „Kein Wunder", erklärt Meyer, „zu viele Hochschüler, zu wenig Geld: Viele sind an der ETH, weil sie die Qualität der Ausbildung schätzen. Man hat offenbar in Deutschland zu lange geglaubt, an der Bildung sparen zu können." Gleichzeitig bemitleidet er seine deutschen Kollegen, für die es keine Assistenzkräfte gebe – trotz der jeweils bis zu 40 betreuenden Studenten. „Ich würde nicht zu den Konditionen arbeiten, die dort geboten werden."

Jene Architekten, die einen Ruf an eine Universität außerhalb Deutschlands erhalten haben, seien diesem bereitwillig gefolgt. Entsprechend mittelmäßig sei das Niveau an den deutschen Hochschulen, was die Studenten zu spüren bekämen. „Das höre ich immer wieder. Und da mache ich mir schon Sorgen, wenn die deutschen Universitäten sich nicht bemühen, endlich wieder dort zu stehen, wo sie kulturell waren und auch hingehören", sagt MEYER.

Aber es gibt auch Gegenstimmen. Ganz so trüb sieht STEFAN BEHNISCH die Ausbildung in Deutschland nicht. Im Gegenteil: „Wir haben weltweit eine der besten Architekturausbildungen. Von allem etwas. Nichts richtig, aber von allem eine ganze Menge. Es gibt einen guten Grund, warum in den großen amerikanischen und britischen Büros sehr viele deutsche Absolventen arbeiten. Wir waren nie eine erfolgreiche Kolonialmacht wie die Niederländer, nie so früh kosmopolitan wie diese. Wir Deutschen waren immer etwas eigenbrötlerisch, in den Sprachen nicht so begabt wie die Niederländer und die Skandinavier, uns selber genug, wirtschaftlich ein großer Binnenmarkt mit einem immensen Bauvolumen nach dem Krieg. Das Erstaunliche ist, wie erfolgreich jedoch andere Bereiche unserer Wirtschaft im Export waren. Mit der Produktion, nicht jedoch mit der Dienstleistung."

Entsprechend positiv ist BEHNISCH dem Nachwuchs gegenüber eingestellt. „Das sind interessierte, fähige junge Leute. Und immer, wenn ich mich bei einer zu kritischen Haltung erwische und mit Kollegen diskutiere, die sich über die Studenten beklagen, dann denke ich mir innerlich: Ja, ja, früher war alles besser. Es liegt wohl in unserer Psychologie oder Biologie begründet, dass wir den Jungen gegenüber misstrauisch sind. Weil die es sind, die uns irgendwann mal aus dem Rudel ausstoßen werden."

TALENTSCHMIEDEN

BEHNISCH pickt sich lieber gezielt die guten Studenten aus dem Mittelmaß heraus. Er weiß, nur mithilfe talentierter Mitarbeiter kann man als Architekt Erfolg haben. „Die wissen doch, was abgeht, was läuft. Ich bin bald Mitte 50 und habe schon Probleme, einen Computer ans Netz zu kriegen. Oft, wenn ich höre, die Ausbildung sei nichts mehr, sage ich mir: Nein, sie ist nur anders. Und die Studenten sind ganz sicher nicht dümmer, als wir damals waren. Im Gegenteil, aber die sind nur anders, und vielleicht sind wir Älteren nur nicht wandlungsfähig."

HERMANN CZECH glaubt ebenfalls nicht, dass die Qualität des Nachwuchses wesentlich anders verteilt ist als vor 25 Jahren. Gleichwohl räumt er ein, die heutigen Studenten seien etwas ruhiger und gelassener als früher.
Wenn man richtig sucht, findet man überall gute und kreative Studenten, ist HADI TEHERANIS Erfahrung. „Wir müssen diese Talente in den Büros fördern und zum Ziel führen. Das geht mal schneller, mal langsamer. Erst nach der eigenen Bürogründung wird letztlich klar, welches Potenzial der Nachwuchs hat." MUCH UNTERTRIFALLER lobt ausdrücklich den Einsatz der deutschen Hochschüler. Diese würden deutlich produktiver arbeiten als ihre österreichischen Kommilitonen. „In Österreich möchte jeder Entwurfsarchitekt werden. Das ist jedoch irreal, weil das vielleicht 4 bis 5 Prozent schaffen! Wir suchen Leute mit Erfahrung, und da werden wir eher in Deutschland fündig, zumindest wenn es um die Realisierung geht."
Ausgesprochen begeistert vom Studentenniveau äußert sich JÓRUNN RAGNARSDÓTTIR, die just am Tag unseres Gesprächs zur Professorin ernannt worden ist. All die Praktikanten, die bei ihr im Büro arbeiten, seien hoch motiviert und fleißig, versichert sie. Auch DIETMAR EBERLE sieht rosigen Zeiten entgegen, wenn er sich die junge Architektengeneration vor Augen hält. „Wissen Sie, von den 33 bin ich wahrscheinlich einer der erfahrensten Lehrer. So wie sie sich mir darstellt, hat die neue Architektengeneration ein viel höheres Potenzial als in den 90er Jahren: Aufgeschlossen, zeitbewusst, kritisch, wunderbar." Aber dürfen sie dieses Talent in der Praxis überhaupt ausspielen?

In einer BDA-Berufsberatungsbroschüre schrieb 1974 der Schweizer Architekt und Hochschullehrer Franz Füeg, dass im Architekturstudium keine Spezialgebiete vertieft würden. Der Vorteil läge gerade darin, dass man damit etwas zurückgewinnen könne, was mit den Jahren verloren gegangen sei: „Den Sinn und die Arbeit für etwas Ganzes." Und genau das sollen Architekten in der Praxis, wenn sie heute den Ratschlägen ihrer Unternehmensberater folgen, aufgeben: Sie sollen Leistungsnischen finden und sich für konkrete Teilbereiche qualifizieren. Ganz oben steht auf dem Zielfilm Marketing, Management und Akquisitionen – alles unbekannte Fächer an den Hochschulen.

Was blüht also dem Architekten, wird aus dem *arbiter elegantiae* ein Unternehmer für umbauten Raum?

„WIR HABEN WELTWEIT EINE DER BESTEN ARCHITEKTURAUSBILDUNGEN. VON ALLEM ETWAS. NICHTS RICHTIG, ABER VON ALLEM EINE GANZE MENGE. ES GIBT EINEN GUTEN GRUND, WARUM IN DEN GROSSEN AMERIKANISCHEN UND BRITISCHEN BÜROS SEHR VIELE DEUTSCHE ABSOLVENTEN ARBEITEN."
(Stefan Behnisch)

6 AUSBLICK

WOMIT WERDEN SICH ARCHITEKTEN KÜNFTIG
BESCHÄFTIGEN MÜSSEN?

WEDER DIENSTLEISTER NOCH DESIGNER

Wie steht es um den Architekten von morgen? Welchen Stellenwert wird er besitzen, welche Aufgaben wird er verlieren und welche noch übernehmen?

Es sind Fragen, die bei den Gesprächen unterschiedliche Reaktionen ausgelöst haben. Die große Mehrheit echauffiert sich über den sinkenden Einfluss des Architekten. Aufgrund der zunehmenden organisatorischen und juristischen Komplexität des Bauprozesses kommt es zur vermehrten Aufgabenteilung. Sie geschieht sowohl freiwillig als auch notgedrungen, wenn Bauherr oder Investor die Zuständigkeiten so regeln, wie sie für sie optimal erscheinen. Die vielen Ansprechpartner und Verantwortlichen sind nicht nur schwer unter einen Hut zu bekommen, sie sind aufgrund der Aufgabenteilung emotional auch immer weniger in das Projekt eingebunden. Vor allem aber, und das wiegt besonders schwer: Die Architekten werden dabei zum bloßen Dienstleister, beziehungsweise zum Designer degradiert.

SCHAFFT SICH DER ARCHITEKT SELBST AB?

Die meisten Gespräche vermitteln den Eindruck, das Verständnis für den Beruf des Architekten befände sich in der Auflösung. Inwiefern dieser Prozess auf offene Türen oder Widerstand stößt und selbstverschuldet oder beabsichtigt vollzogen wird, darüber herrscht geteilte Meinung.

Harsche Kritik wird an jenen Kollegen geübt, die sich bewusst und aus freien Stücken für das reine Entwerfen entschieden haben und alle anderen Leistungen ausklammern. Es sind jene, denen das Entwerfen mehr Spaß bereitet, auch weil sie dort ihre Kompetenzen erkennen. Und es sind jene, die die Verantwortung lieber teilen, weil sie sich nicht mehr mit den strapaziösen Phasen 4 bis 9 quälen wollen. Aber da stünden die Chinesen bereits in den Startlöchern, um sämtliche Aufgaben, insbesondere die lästige Organisation, kostengünstig zu übernehmen. Das zumindest glaubt FRITZ AUER zu beobachten.

Auf diese Weise schaffe sich der Architekt selbst ab, wird von den Kollegen gewarnt, die Architektur als ein Gesamtwerk betrachten, das nicht unter Dienstleistern aufgeteilt werden kann. In anderen Ländern wie etwa in Frankreich oder den USA hätten die Kollegen ja vorgeführt, was passiert, wenn sie bei einem Bauauftrag lediglich partiell beteiligt sind. Bei den Franzosen wird meistens schon die Leistungsbeschreibung von eigenen Büros übernommen, sogenannten „bureaux d'etudes". Auch die Ausführungsplanung, die „phase travaux", wird als „tranche conditionnelle" abgetrennt und an Fachplaner vergeben. Der Architekt ist nur noch für die „direction artistique" zuständig. Die Werkplanung wird also von den Generalunternehmern fremd vergeben, ein Trend, den man auch zunehmend in Deutschland spürt.

Da es in Frankreich außer bei öffentlichen Bauten keine verbindliche Regelung für die Bezahlung gibt und die Fachplaner vom Architekten honoriert werden müssen, liegt es nahe, dass er diese Teilleistungen, auch bei mangelnder Kompetenz, selbst übernimmt. Details, Innovation, Gestaltung und Solidität können demnach nur eine geringere Rolle spielen – eine Entwicklung, die man bei uns ebenfalls befürchtet.

DESIGN – ODER NICHT-SEIN

„Global gesehen ist der Architekt selbst schuld daran, wenn seine Bedeutung abnimmt. Viele sind froh darüber, weil sie nur entwerfen wollen. Da kenne ich Kollegen, auch solche, die ich schätze, die nur noch Entwürfe machen. Da ist der Begriff ‚Architekt' jedoch zu kurz gegriffen. Reines Entwerfen hat nichts mit Architektur zu tun", findet MUCH UNTERTRIFALLER. STEFAN BEHNISCH lächelt, als er sagt: „Ja, in den 70er Jahren haben die amerikanischen Architekten versucht, sich weitgehend selber abzuschaffen, indem sie sich als Künstler auf das Entwerfen konzentriert haben. Das ist der Sündenfall. Wir müssen an dem Gedanken des Werks festhalten, das wir dem Bauherrn schulden." Der Architekt im klassischen Sinn sei bald am Ende angelangt, wenn er sich nur noch als Designer und Visagist verstehe, warnt auch WOLF PRIX. Die Fäden würden von anderen Personen in der Hand gehalten, etwa dem Projektsteuerer, der über den Bauprozess besser informiert sei als der Architekt. Das könne im schlimmsten Fall auch zu einer Bevormundung durch den Projektmanager führen. „Da wird der Beruf doch total uninteressant", sagt Prix.

Nein, widersprechen doch einige Architekten: Wir sind unersetzlich, weil wir besondere Fähigkeiten mitbringen.

AUSBLICK

MUCH UNTERTRIFALLER
„GLOBAL GESEHEN IST DER ARCHITEKT SELBST SCHULD DARAN, WENN SEINE BEDEUTUNG ABNIMMT. VIELE SIND FROH DARÜBER, WEIL SIE NUR ENTWERFEN WOLLEN. REINES ENTWERFEN HAT NICHTS MIT ARCHITEKTUR ZU TUN."

STEFAN BEHNISCH
„WIR MÜSSEN AN DEM GEDANKEN DES WERKS FESTHALTEN, DAS WIR DEM BAUHERRN SCHULDEN."

DIETMAR EBERLE
„ES GIBT KEINE ANDERE DISZIPLIN ALS DIE ARCHITEKTUR, IN DER SICH DIE WERTVORSTELLUNG DER ZEIT, IN DER SIE ENTSTEHT, SO DIREKT WIDERSPIEGELT."

JÜRGEN BÖGE
„DAS FREIBERUFLICHE IST JA IN DEM GANZEN GESELLSCHAFTLICHEN SYSTEM EIN RESTPOSTEN. WIR HAFTEN MIT UNSEREM GANZEN PERSÖNLICHEN VERMÖGEN FÜR DAS, WAS WIR TUN. UND WIR MÜSSEN UNS STÄNDIG NEU BEWEISEN. WO FINDET MAN DAS NOCH?"

GRAFT
„ALLES ANDERE, ZUM BEISPIEL DAS KOORDINIEREN, DAS KÖNNEN UND WERDEN ANDERE ÜBERNEHMEN."

WOLF PRIX
„WENN ES UNS NICHT GELINGT, GEMEINSAM DIE STRATEGISCHEN POSITIONEN – UND ES HAT JA ZEITALTER GEGEBEN, WO ARCHITEKTEN DIESE INNE HATTEN – WIEDER ZURÜCKZUEROBERN, DANN SCHAFFEN WIR UNS WIRKLICH AB."

WOLFGANG TSCHAPELLER

AUSBLICK

„ES IST EIN POTENZIAL UNSERES BERUFS, DASS WIR MIT SO VIELEN ASPEKTEN UNSERER GEGENWART UND LEBENSWELT UMGEHEN KÖNNEN. (…) ARCHITEKTEN VERTRETEN INFOLGEDESSEN EINE KOMPETENZ, DIE MAN VOR ALLEM IN DER ZUKUNFT DRINGEND BENÖTIGEN WIRD."
(Wolfgang Tschapeller)

Wenngleich sie mit dieser Auffassung in der Minderheit sind, lehnen sie sich gelassen zurück und blicken zuversichtlich in die Zukunft. Ihr Hauptargument ist die Vielseitigkeit des Architektenberufs. Aus dieser resultiere eine einzigartige und unverzichtbare Kompetenz, die in der heutigen Gesellschaft mehr denn je geschätzt werde, wenn nicht gar Modellcharakter besitzen könne. „Es gibt keine andere Disziplin als die Architektur, in der sich die Wertvorstellung der Zeit, in der sie entsteht, so direkt widerspiegelt", argumentiert DIETMAR EBERLE. „Es gibt auch keine andere Disziplin, in der sie einen so kollektiven Prozess der Entscheidungsfindung haben."

Architekten tragen als Freiberufler eine Verantwortung, wie sie bei anderen Berufen kaum zu finden ist. „Wir sind ein ganz merkwürdiges Völkchen", findet JÜRGEN BÖGE. „Das Freiberufliche ist ja in dem ganzen gesellschaftlichen System ein Restposten. Wir haften mit unserem ganzen persönlichen Vermögen für das, was wir tun. Und wir müssen uns ständig neu beweisen. Wo findet man das noch? Unsere Art zu denken und zu handeln ist wie ein Labor, das für viele andere vorbildlich ist." Böge ist davon überzeugt, die Kooperationsfähigkeit der Architekten, ihre Offenheit für Neues, das Miteinanderreden, das Unkonventionelle, das alles werde in der Gesellschaft immer mehr gebraucht. Und gute Architekten sind Meister in diesen Fähigkeiten. „Die großen Firmen leiden unter ihren hierarchischen Strukturen. Und dort versucht man ja immer wieder, durch Gruppen- und Teambildung etwas von unserer Art hineinzubringen. Weil unser System schon so lange ein Anachronismus ist, wird man es auch nicht so schnell ausrotten. Ich behaupte immer, wir sind das Schmieröl für die große Maschine. Und wenn die große Maschine kein Öl mehr hat, dann läuft sie heiß und geht kaputt."

„Es ist ein Bereich", meint WOLFGANG TSCHAPELLER, „wo man mit verschiedensten Betätigungsfeldern konfrontiert ist. Wir greifen in den Topf mit komplexen technischen Prozessen, wir berühren den kulturellen, historischen und sozialen Bereich, wir mischen uns in Zukunftsforschung und Politik. Am Abend lesen wir ein Gedicht, und am Tag haben wir ein Treffen mit einem Politiker. In der Früh sind wir auf der Autobahn in einer Raststätte und sehen, wie das erste Bier über die Theke geht. Und irgendwann zeichnet und modelliert man am Projekt. Es ist ein Potenzial unseres Berufs, dass wir mit so vielen Aspekten unserer Gegenwart und Lebenswelt umgehen können. Das hat mit Orchestrieren, Kuratieren und Modellieren zu tun. Wir sind in vielen Bereichen tätig, sammeln auf vielen Gebieten Erfahrung. Architekten vertreten infolgedessen eine Kompetenz, die man vor allem in der Zukunft dringend benötigen wird."

ANTON NACHBAUR setzt ebenfalls auf die organisatorischen Fähigkeiten der Architekten. „Wir müssen eine Unmenge von Fachplanern unter einen Hut bekommen. Und jeder von ihnen sieht primär sein Spezialgebiet – und es werden immer mehr. Bei jedem Projekt, das wir im Lauf der Zeit machen, kommt ein neuer Fachplaner oder Experte mehr hinzu, weil es wieder neue Gesetze und Vorschriften gibt. Die damit verbundene Komplexität im Planungsprozess steigt nicht linear, sondern exponentiell. Aber wer weiß das schon?" Selbst wenn immer mehr Aufgabengebiete abgegeben würden, brauche man jemanden, der die Fäden in der Hand behält. „Das kann natürlich auch ein Projektmanager sein, aber dann fehlt der wichtigste Aspekt, nämlich der der Gestaltung, und wir werden auch in Zukunft nicht ohne Gestaltung bauen können", schwört Nachbaur.

GRAFT nimmt eine Zwischenposition ein. Zum einen stehe der Architekt vor der großen Chance, wieder eine zentrale Rolle zu spielen, wenn er sich als Regisseur einbringe. Allerdings, betonen sie, gehe es ihnen in erster Linie um gestalterische Entscheidungen: „Alles andere, zum Beispiel das Koordinieren, das können und werden andere übernehmen."

Nur gemeinsam ist man stark. Diese populäre Losung sollte auch für Architekten gelten, aber ihre Netzwerke funktionieren vergleichsweise schlecht bis gar nicht. Kontakte zwischen den Architekten finden fast ausschließlich auf privater Ebene statt. Bei Veranstaltungen der Berufsverbände, Vernissagen, Werkvorträgen oder Buchvorstellungen trifft man regelmäßig dieselben Kollegen. Es fehlt allen an der Zeit, an der Motivation oder vielleicht am Glauben über den Wert solcher Zusammenkünfte. Onlinevernetzungen werden zumindest von den befragten Architekten kaum genutzt. Jüngere überschätzen dagegen ihren Wert. Mit dem Kauf eines iPhones hat man noch kein Eintrittsticket in die

AUSBLICK

Welt illustrer Aufträge erworben, auch wenn man über Facebook Rem Koolhaas zu seinen Freunden rechnen darf. Ein junger Architekt, der gerade mal ein Gartenhäuschen in seinem Werkverzeichnis zeigen konnte, hatte es zwar bis zur Architekturbiennale nach Venedig geschafft. Und dort verkündete er, er betreibe eigentlich eines der größten Büros der Welt, weil er international mit 800 Partnern vernetzt sei. Dies klingt nach Pfeifen im dunklen Wald.

Werden dann jene Stimmen, die für ein gemeinsames Engagement für den sinn- und reizvollen Fortbestand des Architektenberufs plädieren, überhaupt gehört werden? Etwa die von ADRIAN MEYER: „Weder die Bescheidung der Architektur auf einen ausschließlichen kommerziellen Anspruch, noch ihre Verbannung in die Ökoecke, ihre Reduktion auf Brand, Signature and Corporate Identity oder die Mischung von allem werden weiterführen. Im Gegenteil, es wird in letzter Konsequenz schlicht zu ihrem Verschwinden führen."

Oder WOLF PRIX: „Wenn es uns nicht gelingt, gemeinsam die strategischen Positionen – und es hat ja Zeitalter gegeben, wo Architekten diese innehatten – wieder zurückzuerobern, dann schaffen wir uns wirklich ab." Prix, der routiniert mit den Medien umgeht, pariert die Frage, was er persönlich gegen die Marginalisierung der Architekten unternehme: „Ich führe zum Beispiel dieses Interview mit Ihnen – unter anderem."

DIE BÜROS: VAGE AUSSICHTEN

Der Auflösungsprozess bezieht sich auch auf die Büros. Das klassische mittelständische Büro mit 15 bis 20 Leuten, das mittelgroße Projekte bearbeitet, wird es immer seltener geben. Die kleinen Büros können nur dann halbwegs gut überleben, wenn sie sich spezialisieren. So die umstrittene (!) reine Lehre der Unternehmensberater. Prognosen und Empfehlungen bietet dazu die 2005 von der Architektenkammer Nordrhein-Westfalen in Auftrag gegebene sogenannte Hommerich-Studie zur „Zukunft der Architekten".

Die Großen werden noch größer und dabei ihre fach-politische Macht sichern, war auch der Tenor bei unseren Gesprächspartnern. FLORIAN NAGLER glaubt, für die wenigen wirklich guten Architekten gäbe es zukünftig viel zu tun. Schwieriger hingegen würde es für die kleineren, insbesondere ländlichen Büros, „weil andere wie zum Beispiel Bauträger das übernehmen werden". GUNTER HENN hält dagegen: Bereits vor 20 Jahren habe man prognostiziert, dass

„HEUTE LEBEN WIR IN EINER ZEIT, IN DER ES KEINE ARCHITEKTUR-MANIFESTE MEHR GIBT. FRÜHER GAB ES IMMER MANIFESTE, DAFÜR HABEN SICH MEHRERE ARCHITEKTEN ZUSAMMENGETAN. HEUTE GIBT ES NUR NOCH EINZELPOSITIONEN. (...) KEINER WEISS EIGENTLICH MEHR, WO ES HINGEHT."
(Adrian Meyer)

es immer mehr größere Büros und immer weniger kleine geben werde. Die Anzahl der kleinen, sehr begabten Büros habe in den letzten Jahren jedoch stetig zugenommen. Durch den inzwischen herrschenden Publikationseifer geschürt und provoziert durch das unvermeidliche öffentliche Ranking werde es zu Kämpfen kommen, wie man sie aus der Fußballliga kennt. „Es wird eine immer größere Rolle spielen, ob man in der Champions League, der Bundes- oder Regionalliga mitwirken darf", vermutet MARKUS ALLMANN.

Die zunehmende Komplexität des Bauens wird eine intensive Vernetzung der Architekten zur Folge haben, spekulieren einige der Befragten. Dabei finde eine Spezialisierung der Aufgaben statt. „Was man nicht so gut kann, das sollte man abgeben, dennoch sollte das Umfassende nicht verlorengehen", findet WOLF-ECKART LÜPS. „Ich sehe die Zukunft der Architekten sonst bedrohlich. Weil sich der Architekt weg vom Baumeister hin zum Gebäudemanager, Dienstleister und in andere Teilbereiche aufspaltet. Auswege bietet mehr Kooperation. Man muss seine Kompetenzen mit anderen koordinieren und ergänzen."

Weiterer Ausdruck eines Zusammenrückens sind gemeinsame investive Tätigkeiten von Architekten. Orte, für die sich ansonsten niemand begeistern möchte. Auch GRÜNTUCH ERNST erkennen diesen Trend: „Architekten tun sich zusammen und bauen gemeinsam das, was sie selbst bauen wollen."

WOMIT WERDEN SICH ARCHITEKTEN KÜNFTIG BESCHÄFTIGEN MÜSSEN?

Gute Architekten sind Visionäre. Sie müssen ihrer Zeit stets ein paar Schritte voraus sein, damit das, was sie bauen, lange geschätzt und effektiv genutzt werden kann. Das Entwickeln von Zukunftsvisionen ist nicht einfach und bedarf eines großen Gespürs für die Gegenwart und ihre aktuellen Themen. Zu den anregenden Quellen für die Planung einer wünschenswerten Zukunft zählt neben übergeordneten politischen, technologischen und wirtschaftlichen Aspekten vor allem der Mensch selbst.

ADRIAN MEYER

AUSBLICK

„DERZEIT IST IN DER ARCHITEKTUR SO GUT WIE ALLES MÖGLICH, RETROSCHIENE, KLASSIZISTISCHE BAUTEN, JEDE FREIE FORM, DIE DER COMPUTER HERGIBT."
(Florian Nagler)

Was gefällt ihm, was nicht, worin bestehen seine Ängste, was sind seine Wünsche und Hoffnungen?
Den menschlichen Bedürfnissen und Entwicklungen nahe zu sein, ist unerlässlich, wenn man wissen will, wie die Welt von morgen aussehen könnte.
Zukunftsvisionen liegen mittlerweile selbst im Trend. Wer ein Produkt zielgruppengerecht verkaufen will, besonders, wenn große Investitionen nötig sind, befragt dazu die Auguren irgendeines Trendbüros. Sie entstehen mittlerweile weltweit, im Internet tummeln sich Tausende von „Trendspottern" und „Coolhuntern", die über ihre Beobachtungen auf den Gebieten Mode, Musik, Kunst, Design und Technik orakeln. Wissenschaftler analysieren und komprimieren diese Informationen und beschreiben damit die wesentlichen Strömungen. Übrigens: Architekten zählen aufgrund ihres breit gefächerten Wissens für Zukunftsforscher zu den dankbaren Informationsträgern.

VERANTWORTUNG IN ZEITEN ALLGEMEINER VERUNSICHERUNG

Betrachtet man sich die derzeitigen Zukunftsprognosen genauer, begegnet man einem Begriff, mit dem wir bereits die Zukunft des Architektenberufs beschrieben haben: Auflösung. Sie bestimmt das menschliche Leben inzwischen auf allen Ebenen. Die Grenzen verwischen immer mehr: Soziale Schichten vermengen sich, erstmals in Deutschland kämpft eine breite Mittelschicht gegen den Abstieg, die klassische Familie gibt keinen Halt mehr, sie zerfällt und nimmt Patchworkstrukturen an, Generationen gehen nahtlos ineinander über, Erwachsene wollen jugendlich wirken, Senioren weigern sich zu altern – und die jungen Leute? Vorbei die Zeiten, als man sie noch zuordnen konnte zu Mods, Rockern, Flower Power, APO, Punks oder Generation Golf! Die heutige Jugend lässt sich nicht mehr generell identifizieren, wie sich das früher durch ewige Treue zu den Beatles, den Rolling Stones oder auch im Engagement für irgendeine K-Gruppe möglich war. Stattdessen habe jede der unendlich vielen „Pop-Kapellen" drei Fans, bemerkt PAUL KAHLFELDT süffisant.

Die Auflösungstendenzen beziehen sich nicht nur auf die Gesellschaft, sondern auf alles: Kommunikation, Heimat (die zunehmenden Migrationen!), Stadt, Raum. Es gibt keine Grenzen mehr.
Alles erscheint möglich, und genau dies spiegelt sich in der Architektur wider, hören wir in den Gesprächen. „Innen und außen gehen ineinander über", beobachten JULIA und HANS KLUMPP. „Auch im alltäglichen Leben sind Grenzen nicht mehr wirklich vorhanden: immer telefonieren, immer online sein, immer einkaufen können."
MUCH UNTERTRIFALLER benennt es konkret: „In vielen Projekten ist eine Verwischung von außen und innen zu sehen. Das resultiert aus dem Willen zur reinen Form und der fehlenden Definition des Raums. Man will den Raum nicht aufhören lassen. Viele Architekten versuchen, diese Dimensionen quasi wegzubringen, indem sie beispielsweise die Öffnungen der Fenster rahmenlos gestalten. Das funktioniert für mich bei vielen Dingen nicht. Für mich soll ein Wohnraum eine Schwelle zwischen innen und außen haben. Denn, sollten die Zustände draußen nicht so erfreulich sein, wie ich es gern hätte, dann möchte ich mich in meinem Raum wohlfühlen können."
Grenzenlosigkeit beschreibt auch das vielfältige Nebeneinander, die Gleichzeitigkeit unterschiedlicher Handschriften (um nicht von Stil zu sprechen). Derzeit sei in der Architektur so gut wie alles möglich, „Retroschiene, klassizistische Bauten, jede freie Form, die der Computer hergibt", findet FLORIAN NAGLER. Und während MUCK PETZET sich über das Gefühl des „anything goes" freut, distanziert sich ANTON NACHBAUR: „Wir wollen gute Architektur machen, die langfristig gut ist und nicht kurzfristig trendig." Und ADRIAN MEYER holt anklagend zu einem Rundumschlag gegen die Zersplitterung aus. „Wo bleibt das verbindende Element in der Architektur?", fragt er. „Heute leben wir in einer Zeit, in der es keine Architektur-Manifeste mehr gibt. Früher gab es immer Manifeste, dafür haben sich mehrere Architekten zusammengetan. Heute gibt es nur noch Einzelpositionen. Hinter diesen Manifesten standen auch immer Architekturtheorien. Aber heute hat jeder einzelne medial gefeierte Star seine eigene Theorie und sagt: Ich bin's, ich hab' die Wahrheit, liebe Leute kommt zu mir, schaut mal, das ist sie! Und deshalb leben wir in einem so großartigen Durcheinander. Keiner weiß eigentlich mehr, wo es hingeht."

FLORIAN NAGLER

AUER+WEBER
„DER WEG GEHT EHER INS UN-SPEKTAKULÄRE." (FRITZ AUER)

AUSBLICK

Entgrenzung und Auflösung führen beim Menschen häufig zu Orientierungslosigkeit. Auf die daraus resultierende Verunsicherung reagiert er mit „Rückzugstendenzen", wie die Psychologie melancholische Reaktionen auf Enttäuschungen und Verunsicherungen nennt. Er besinnt sich auf Gewohntes, Vertrautes und Bewährtes, was ihm Sicherheit suggeriert. Gleichzeitig distanziert er sich von hochfliegenden Experimenten.

Die Architektur werde diesem Phänomen immer mehr Rechnung tragen müssen, nicht zuletzt auch vor dem Hintergrund ökologischer und ökonomischer Notwendigkeiten. Der gegenwärtig noch auszumachende Trend zum Spektakulären habe den Zenit überschritten. Ein Umdenken sei zu spüren und auch dringend notwendig, vertritt die Mehrheit der befragten Architekten. Es klingt bisweilen nach Selbstreinigung, nach der einfachen Sehnsucht für das Vernünftige – wobei jeder die Bußfertigen woanders sehen möchte und der Zeitpunkt für den Wandel ungewiss bleibt.

SCHAULAUFEN ODER BUSSGANG?

„Die Rückbesinnung auf das Normale wird sicher kommen. Der Superstar-Hype wird ziemlich bald enden. Der macht sowieso nur in den aufstrebenden Ländern Furore. In Europa ist der schon am Abklingen", glaubt MUCH UNTERTRIFALLER. Auch MEINRAD MORGER prognostiziert einen gewissen Ennui an der Sensationsarchitektur, vergleichbar mit dem Überdruss an den spartanischen Häusern Ende der 90er Jahre. CHRISTOPH INGENHOVEN ist überzeugt: „Die Entwicklung geht noch eine Zeitlang in Richtung Leuchtturmprojekte. Man versucht sich an der Grenze dessen, was möglich ist. Das bedeutet jedoch nicht automatisch ein immer Länger, Höher, Weiter. Das kann durchaus auch grüner oder leichter sein."

Auch KLUMPP ARCHITEKTEN beobachten immer noch den Hang zum Sensationellen, den sie mit dem Ehrgeiz ihrer Kollegen begründen. Viele verspüren weiterhin die große Sehnsucht, eines Tages doch den spektakulären Wurf zu schaffen, vermuten sie. „Dabei wird vergessen, dass wir genau das Gegenteil brauchen. Wir müssen mehr in Beziehungen denken und Beziehungen herstellen. Die Stadt braucht im hohen Maße Normalität und Selbstverständlichkeit." Also nicht das auffallende Haus, das den Kontext sprengt, sondern das verbindliche Nebeneinander macht eine Stadt aus, gibt ihr „einen atmosphärisch verdichteten räumlichen und architektonischen Zusammenhalt", wie es Fritz Neumeyer in seinem bereits zitierten Vortrag formuliert hat.

Aber die Versuchung ist da. Die jungen Architekten MORITZ und PHILIPP AUER kennen den Traum, einmal im Leben ein gigantisches Projekt zu verwirklichen: „Wer das nicht will, der lügt." Insofern werde es weiterhin Sensationsbauten geben. Allerdings kritisieren sie die enorme Materialschlacht, die sich aus solch ehrgeizigen Vorhaben ergebe. Konkret sprechen sie COOP HIMMELB(L)AUS BMW-Welt an. „Der Formwille musste dort in Materialität umgesetzt werden, das ist Unsinn." Lassen wir den Architekten des Spektakels selbst zu Wort kommen. Wohl als Einziger hält WOLF PRIX gegen diesen Konsens der Unauffälligkeit. Er vermisst „zeitrichtige Ikonen", sie seien „ein Ausdruck von Lebensfreude", wie er einmal in einem Interview mit dem *Baumeister* ausgeführt hat: „Ich bin mehr und mehr davon überzeugt, dass außergewöhnliche, lesbare Gebäude sehr wichtig sind für die Gesellschaft, um ihre Stadt auch mental in Besitz zu nehmen."

FRITZ AUER sieht die Zukunft etwas gelassener als seine Söhne: „Der Weg geht eher ins Unspektakuläre."

REGINA SCHINEIS hingegen entdeckt noch immer zu viel „Schauarchitektur", sie missbilligt den Trend zu amorphen Bauwerken. Die skulpturale Architektur sei laut und eigenwillig. Meist über den Computer generiert, sei vieles nur „shine and fake". Sehe man sich genauer an, wie das computergenerierte Bild umgesetzt worden ist, wirke alles eher „durchsichtig, modisch, und der zweite Blick geht ins Leere. Das ist in unseren Augen nicht nachhaltig und auch nicht zeitgemäß." Schineis plädiert für eine sensible Angemessenheit, indem man alles auf das Wesentliche reduziert.

„Die Menschen bauen für die Überraschung auf den ersten Blick", kritisiert auch NIKOLAUS BIENEFELD. „Wie die Gebäude aber nach den ersten zehn Jahren aussehen, ob sie dann noch eine Faszination haben, weil sie in Würde gealtert und eigentlich noch schöner geworden sind, das ist fraglich. Und das liegt daran, dass man zum Teil Materialien verwendet, von denen man nicht weiß, ob sie funktionieren." Die Phase der explorierenden Bauten sei doch bereits

ANTON NACHBAUR
„WIR WOLLEN GUTE ARCHITEKTUR MACHEN, DIE LANGFRISTIG GUT IST UND NICHT KURZFRISTIG TRENDIG."

MUCH UNTERTRIFALLER
„FÜR MICH SOLL EIN WOHNRAUM EINE SCHWELLE ZWISCHEN INNEN UND AUSSEN HABEN. DENN, SOLLTEN DIE ZUSTÄNDE DRAUSSEN NICHT SO ERFREULICH SEIN, WIE ICH ES GERN HÄTTE, DANN MÖCHTE ICH MICH IN MEINEM RAUM WOHLFÜHLEN KÖNNEN."

CHRISTOPH INGENHOVEN
„DIE ENTWICKLUNG GEHT NOCH EINE ZEITLANG IN RICHTUNG LEUCHTTURMPROJEKTE. MAN VERSUCHT SICH AN DER GRENZE DESSEN, WAS MÖGLICH IST."

KLUMPP ARCHITEKTEN
„WIR MÜSSEN MEHR IN BEZIEHUNGEN DENKEN UND BEZIEHUNGEN HERSTELLEN. DIE STADT BRAUCHT IM HOHEN MASSE NORMALITÄT UND SELBSTVERSTÄNDLICHKEIT."

PAUL KAHLFELDT
„ES GIBT SCHON EINIGE HINWEISE, DASS ES BEREITS EINEN ARCHITEKTURZOO GIBT."

NIKOLAUS BIENEFELD
„DIE MENSCHEN BAUEN FÜR DIE ÜBERRASCHUNG AUF DEN ERSTEN BLICK."

AUSBLICK

zusammengebrochen, gibt JÜRGEN BÖGE Entwarnung. Die Menschen stellten wieder den Anspruch, dass Architektur schlicht und bezahlbar ist. Das sieht man in Österreich noch nicht so. Das Interesse an Architektur sei in der Gesellschaft zwar gewachsen, sagt HERMANN CZECH. Die Folge: Architekten würden sich auch weiterhin an noch nie Dagewesenem versuchen. „Und das unterscheidet sich von einer anderen Zielsetzung, nämlich der, dass man das Beste macht, was möglich ist. Man muss den Mut haben, nicht bemerkt zu werden. Aber es steht sowieso schon in den Magazinen geschrieben, dass der Stararchitekt ein Auslaufmodell ist." Czech, Protagonist einer „stillen Architektur", blieb seiner Argumentation treu. Von ihm stammt der häufig zitierte Satz „Architektur ist Hintergrund".

Aber gerade dieses widersprüchliche Lavieren schade. 4A ARCHITEKTEN sehen als Trend sowohl die spektakulären Bauten als auch eine aus wirtschaftlichen Gründen erzwungene reduzierte Architektur. „Dadurch geht die Qualität verloren", bemängeln sie.

In ferner Zukunft, befürchten die meisten Architekten, würde das Bauen ein lästiges Nebeneinander origineller Einzelleistungen, wenn man nicht zu einer gemeinsamen Räson finde. Man wird sich an der Architektur sattgesehen haben, der Zahn der Zeit wird an ihr nagen, schneller als erwartet. „Alles, was top-aktuell ist, ist irgendwann auch wieder top-unaktuell", prognostizieren PETRA und PAUL KAHLFELDT. „Es gibt schon einige Hinweise, dass es bereits einen Architekturzoo gibt, man denke an den Düsseldorfer Medienhafen – das ist kein Stadtquartier, das ist nur noch eine Ansammlung von Solitären, zwischen denen die Textur fehlt." Das Stadtmarketing freut sich über solchen Zirkus und wirbt: „Im Düsseldorfer Medienhafen finden Sie eine beeindruckende Ballung von ausgezeichneter Architektur ...; erleben Sie eindrucksvoll die Gegensätze von postmoderner Baukunst und denkmalgeschützter Gebäude ... Tauchen Sie mit uns ein in die Atmosphäre internationaler Architekten."

So offenbaren sich die widersprüchlichen Erwartungen zwischen Investoren und Architekten. Angemessenheit als neue Strömung hat sich bei den Bauconsulting-Unternehmen noch nicht herumgesprochen. Sie bilanzieren Architektur mit ihren Marketing-Tools als handele es sich um ein privates Fernsehprogramm. Was geht, was läuft, wann kommen mehr Leute, was lässt sich verdienen? Die Herausforderungen für Architekten sind aber weitreichender und verantwortungsvoller. Sie werden nicht nur die wirtschaftlichen und ökologischen Aspekte einbeziehen, sie werden zunehmend auch den Menschen und seine Bedürfnisse wahrnehmen und in den Vordergrund rücken müssen. Das ist nicht neu. In jedem zweiten Erläuterungsbericht der Architekten ist der Satz zu lesen, der Mensch müsse im Mittelpunkt der Planung stehen. Deshalb ist diese Aussage nicht falsch, sie zeigt vielmehr, welche enorme Strecke interdisziplinär noch zurückzulegen ist. „Ein Haus wird erzählen, wie es funktioniert, wie die Menschen dort leben, gemeinsam, alleine ...", glauben die Architekten von GRAFT.

DIE SÄKULARISATION DER ARCHITEKTUR: MEHR WISSEN – WENIGER GLAUBEN

Architektur werde zunehmend einer Sinnfälligkeit folgen, anstatt sich mit beliebigen Formen zu kaprizieren. „Architekten tragen eine neue soziale, ökologische und politische Verantwortung", stellt MARKUS ALLMANN fest. „Um die anstehenden Anforderungen an eine ressourcenschonende und nachhaltige Architektur bewältigen zu können, müssen Architekten zukünftig in wesentlich mehr Bereichen sachkundig sein. Früher waren die Projekte offensichtlicher mit einem erfassbaren Kontext verknüpft. Geschichte, Ort, Materialität bestimmten maßgeblich die architektonische Sprache. Heute sind durch eine global verknüpfte Wahrnehmung und Reflexion viele koexistierende architektonische Sprachen und gleichzeitig geführte Diskurse wahrnehmbar, sodass es schwierig scheint, Qualitätsbegriffe zu etablieren. Ungewissheit und Unsicherheit sind vorherrschende Phänomene im Einschätzen unserer Zukunft. Die Zunahme von Wissen führt gleichzeitig dazu, dass wir immer mehr den Glauben verlieren, dass künftige Technologien tatsächlich unsere Probleme lösen können. Der Architekt muss dieses angewachsene Wissen für seine Disziplin auswerten können und in Form von angemessenen Projekten umsetzen.

Gerade unter den jüngeren Architekten ist hier eine Neuorientierung, weg vom selbstgefälligen Stararchitekten, zu bemerken. Die werden inzwischen eher belächelt, weil sie mit zunehmendem Erfolg lediglich sich selbst zitieren und prä-

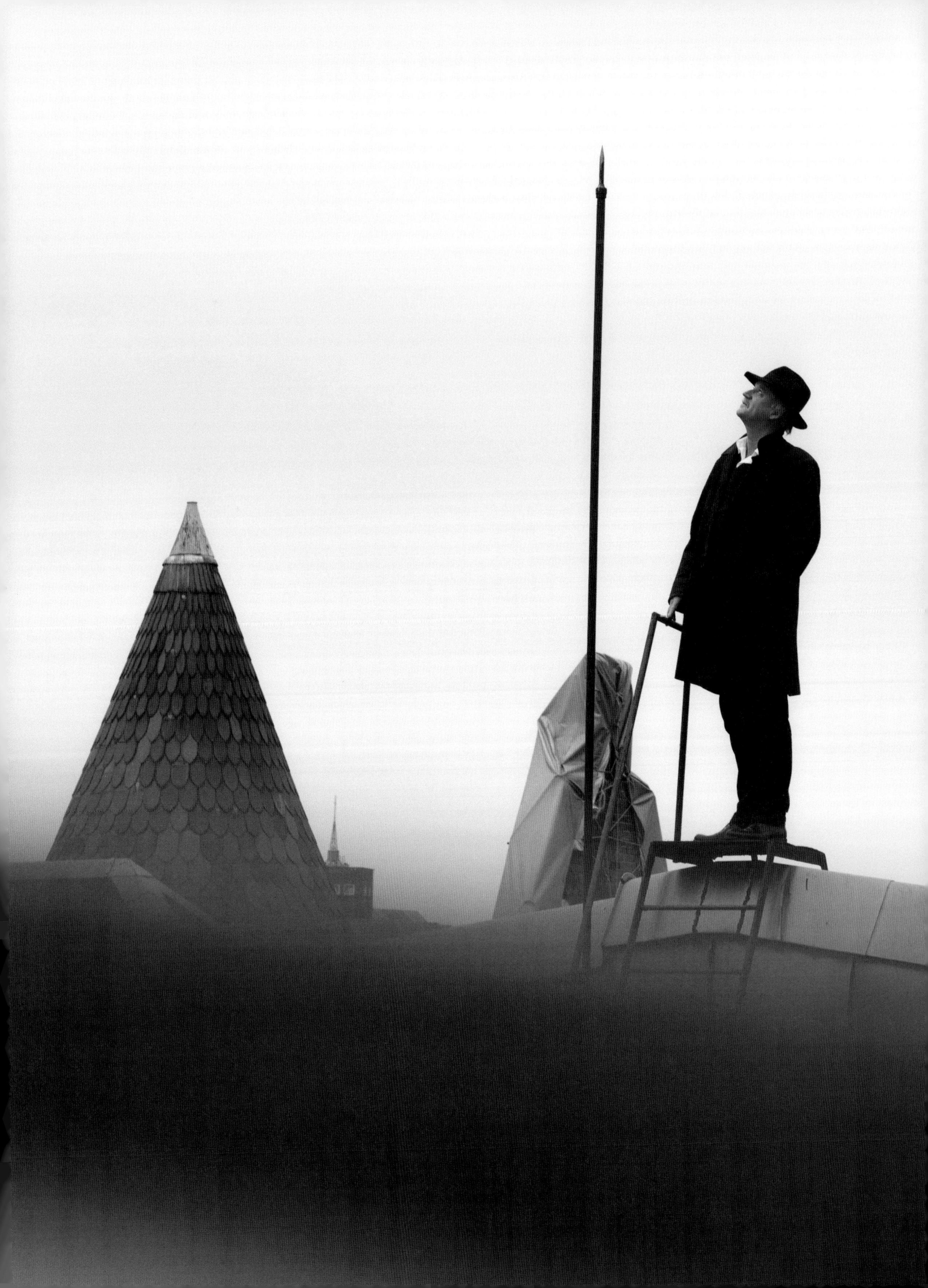

LIEBLINGSORTE

BÖGE LINDNER K2 ARCHITEKTEN
„AUF DEN DÄCHERN DER SPEICHERSTADT UND UNSERES BÜROS WEHT IMMER EIN FRISCHER WIND." (JÜRGEN BÖGE)

sentieren und keine Antworten mehr auf die zukünftigen gesellschaftlichen Probleme haben. Jetzt drängen einfache Fragen, die komplexe Antworten verlangen, in den Vordergrund: Wie viel Raum darf eine Person in Anspruch nehmen? Ist räumliche Opulenz überhaupt noch ein Qualitätsmerkmal? Wie kann ‚small' attraktiv werden? Wie kann ein Architekt der Verantwortung für die Lebensqualität von Personengruppen nachkommen, die gesellschaftlich benachteiligt sind?"

Als Architekt werde man dabei zunehmend aufgefordert, auch über den eigenen Tellerrand hinauszublicken und das Wissen jenen Menschen zukommen zu lassen, die gesellschaftlich benachteiligt sind. Das Büro HENN ARCHITEKTEN zeigt mit dem Projekt AddYouCation, wie ein solcher Schritt aussehen kann: Es fördert Schulprojekte in Drittländern. In Ghana beispielsweise haben die Architekten mit örtlichen Mitteln eine Schule für Mädchen errichtet.

DAS NEUE REIZWORT: NACHHALTIGKEIT

In den 80er Jahren hat man sich in der Architekturszene über die Postmoderne erregt. Es war ein Wort für den Stresstest unter Architekten. Hier schieden sich die Geister. Heute kann man sie mit „Nachhaltigkeit" strapazieren. Zum einen trifft man auf semantische Vorbehalte, weshalb krampfhaft nach anderen Begriffen gesucht wird. Erhard Eppler hat der Politik alternativ „zukunftstauglich" empfohlen, unter Ingenieuren verständigt man sich gern mit „ressourceneffizient" (wobei dann wieder einige Philologen fragen, ob es nicht „effektiv" heißen müsse, wenn man ohne wirtschaftliche Betrachtung grundsätzlich etwas für die Rettung der Um-Welt unternehmen will). Die Industrie ist weniger pingelig, sie hat mit „Nachhaltigkeit" ein schmückendes Attribut gefunden, das sich umsatzfördernd in vielen Zusammenhängen verwenden lässt.

Worüber allmählich Einigkeit besteht: Man denkt heute beim Bauen an Lebenszyklen und Stoffkreisläufe, man beginnt bei der Stadtplanung, berücksichtigt den Transport von Menschen und Gütern, nicht zuletzt das Verhalten der Nutzer. Und das macht es für Architekten so schwierig, in ihrer begrenzten Zuständigkeit Verantwortung zu übernehmen. Ein Haus rundum satt mit Wärmedämmung einzupacken, wird Heizkosten sparen, muss aber nicht nachhaltig sein. Deshalb plädieren Architekten wie Hans Kollhoff für „Permanenz", für die langlebige Stadt mit Häusern „nicht als Wegwerfprodukte und als Konsumgüter, sondern als wertvollem Kulturgut, von dem auch zukünftige Generationen noch zehren können".

Bleibt man bei den Fakten, stößt man auf weitere Unsicherheiten. Welchen Beitrag zur Verminderung des CO_2-Ausstoßes können wir beim Bauen überhaupt erreichen? 40 Prozent der Energie verbrauchen wir in Deutschland in Gebäuden, heißt es, aber auch 30 Prozent werden geboten, zwei Drittel sagt eine andere Quelle. 95 Prozent könnte man durch die Sanierung der Altbauten einsparen – also bliebe die mögliche Verbesserung durch supergedämmte Neubauten sehr bescheiden.

Fragt man Architekten nach den Energiekennzahlen ihrer Gebäude, erhält man – ähnlich wie bei den Baukosten – vertrackte Angaben, weil der Primärenergieverbrauch, der sich aus der mit einem Faktor multiplizierten Endenergie ergibt, ebenso wenig plausibel ist wie das spätere Nutzerverhalten der Bauherren. Gern holt man sich die Absolution mit der Anekdote von der Rechtsanwaltsgattin, die mit dem Porsche Cayenne die spülmaschinengereinigten Joghurtbecherdeckel zur Sammelstelle fährt. Das klingt ein wenig frauenfeindlich, zeigt dennoch, wie Adrian Kreye in der *Süddeutschen Zeitung* geschrieben hat, dass individuelle kleine Schritte zwar nichts bewirken, „in der Masse jedoch gesellschaftlicher Druck entsteht". Und sei es durch die entlarvende Ironie solcher Beispiele.

Die Architekten befinden sich also in guter Gesellschaft. Als es um Schlüsselbegriffe in der aktuellen Architekturentwicklung ging, nannten 30 der 33 Befragten „Nachhaltigkeit". Nicht ohne einen gewissen Unterton.
Stichworte, die in einem Atemzug mit Nachhaltigkeit fielen, verraten das verkrampfte Verhältnis zu dem Wort: JAN KLEIHUES spricht von Nachhaltigkeitsterror, für JÜRGEN BÖGE bedeutet Nachhaltigkeit ein „Unwort, mit dem man alles erschlagen kann. Alle reden darüber, keiner weiß genau, was es ist. Das ist ein verbrauchtes Wort und ein ganz großes Geschäft. So wie ich das Wort interpretiere, haben wir schon

AUSBLICK

immer nachhaltig gebaut. Was wirklich nachhaltig ist, wird erst die Geschichte beweisen."

Um Nachhaltigkeit werde viel zu viel Wirbel gemacht, erklären die meisten. Der Architektenszene sei dieser Begriff allemal nicht entsprungen, vielmehr sei er von der Gesetzgebung oktroyiert worden, wehrt sich MUCH UNTERTRIFALLER. „Immer mehr Länder springen auf die Passivhausstandards – meiner Meinung nach viel zu wenig überlegt."

Das Passivhaus, ein Ziehkind der Nachhaltigkeit, empfinden einige Architekten ebenfalls als Reizwort. Passivhausdenken sei Luxusdenken, belehrt uns MUCK PETZET, schließlich bestünden 70 Prozent der Bauaufgaben ohnehin nur aus Umbauten. In Deutschland gebe es nun mal keine Tabula rasa, auf der man schöne neue Welten errichten kann. Und wenn größere Flächen für ein Vorzeige-Ökoviertel dem Bagger zum Opfer fielen, dann sei das alles andere als ökologisch, schließlich müsse man die vor Ort gebundene Energie erst einmal vernichten, aber das interessiere einfach niemanden, klagt Petzet.

Architekten, so die Aussage etlicher Gesprächspartner, hätten sich der Nachhaltigkeit prinzipiell und unmittelbar verpflichtet, Nachhaltigkeit gehöre einfach zum Beruf, sei selbstverständlich und bedürfe deswegen in ihrer Branche keiner nennenswerten Hervorhebung. Es sei, als würde man in einem 4-Sterne-Lokal Carpaccio bestellen mit dem Hinweis: „Aber bitte dünn geschnitten."

Einige Architekten sind der Ansicht, wahre Nachhaltigkeit ließe sich sowieso erst postum erkennen, dann nämlich, wenn sich das gegenwärtige Bauen auf lange Sicht bewährt haben wird. Oder eben nicht. Gerade was die im Dienste vermeintlicher Nachhaltigkeit verwendeten Materialien angeht, darüber äußert man so seine Zweifel. Man überlasse der nachfolgenden Generation eine Menge schlechtes Baumaterial, bemerkt WOLF-ECKART LÜPS, und MARKUS ALLMANN meint, es sei schwer zu beurteilen, ob und inwiefern die heutzutage verwendeten Materialien auch tatsächlich Ressourcen schonend seien: „Die Komplexität des Themas kann entmutigend sein, wenn man feststellen muss, das eine wirkliche Einschätzung darüber, ob ein Haus nachhaltig ist, nicht die Eindeutigkeit hat, die man beispielsweise von einer wissenschaftlichen Betrachtung erwartet. Viele energietechnische Konzepte, Materialien und Konstruktionsprinzipien werden kontrovers diskutiert, häufig etikettiert sich Architektur grün, ohne es wirklich zu sein. Gleichzeitig kristallisieren sich aber doch unstrittige Anforderungen heraus, die jedes neue Gebäude selbstverständlich erfüllen sollte."

Besonders kritisch sehen viele Architekten den baukulturellen Qualitätsrückgang als Folge vermeintlicher Nachhaltigkeitsmaßnahmen. Man müsse zu viele Kompromisse eingehen, wird generell beklagt. „Unter diesem Label entsteht zu viel Durch- und Unterdurchschnittliches", sagt MUCH UNTERTRIFALLER. „Ich kann schlechte Architektur doch nicht durch das Label ‚Passivhaus' aufwerten."

Ausgesprochen verärgert äußern sich viele über den herrschenden Dämmwahn. Alles werde voreilig und kurz entschlossen eingepackt. „Für nichts und wieder nichts", schimpft NIKOLAUS BIENEFELD. „Ich weiß nicht, Energieprobleme gab es in allen Jahrhunderten, nicht nur heute. Aber indem ich überall nur noch eine Kunststoffhaut draufklebe, versetze ich der Architektur den Todesstoß. Das kann es nun wirklich nicht sein! Da wird Lobbyarbeit betrieben, und keiner merkt es."

„Die einseitig auf Dämmung und Dichtigkeit ausgerichteten Maßnahmen zur Energieeinsparung folgen den Vorgaben der Bauindustrie", bestätigt MUCK PETZET und fährt fort, die ständig höheren Anforderungen der EnEV seien alles andere als effektiv: „Wenn man ein Bestandsgebäude vernünftig energetisch saniert und seine Energieversorgung in einem größeren Maßstab löst, dann bewirkt das die größte Einsparung an CO_2 und auch an Geld."

MUCH UNTERTRIFALLER ärgert sich besonders über Boris Palmer, den Grünen-Bürgermeister von Tübingen: „Der lässt die halbe Altstadt mit Styropor zukleistern und rechtfertigt das damit, dass zwar das Bild der Altstadt flöten geht, dafür die Heizkosten sinken. Und das kann es nicht sein!"

ADRIAN MEYER fordert seine Kollegen zum gemeinsamen Kampf gegen den „Isolierungswahnsinn" auf, „der dazu geführt hat, dass jetzt alle Mauern ersticken. Man muss nicht mehr konstruieren können, es wird einfach alles mit Dämmung zugetackert. Und auf die Dämmung wird irgendwas geklebt. Ob das je hält, das weiß eigentlich niemand so ge-

„ARCHITEKTEN TRAGEN EINE NEUE SOZIALE, ÖKOLOGISCHE UND POLITISCHE VERANTWORTUNG."
(Markus Allmann)

JÜRGEN MAYER H.

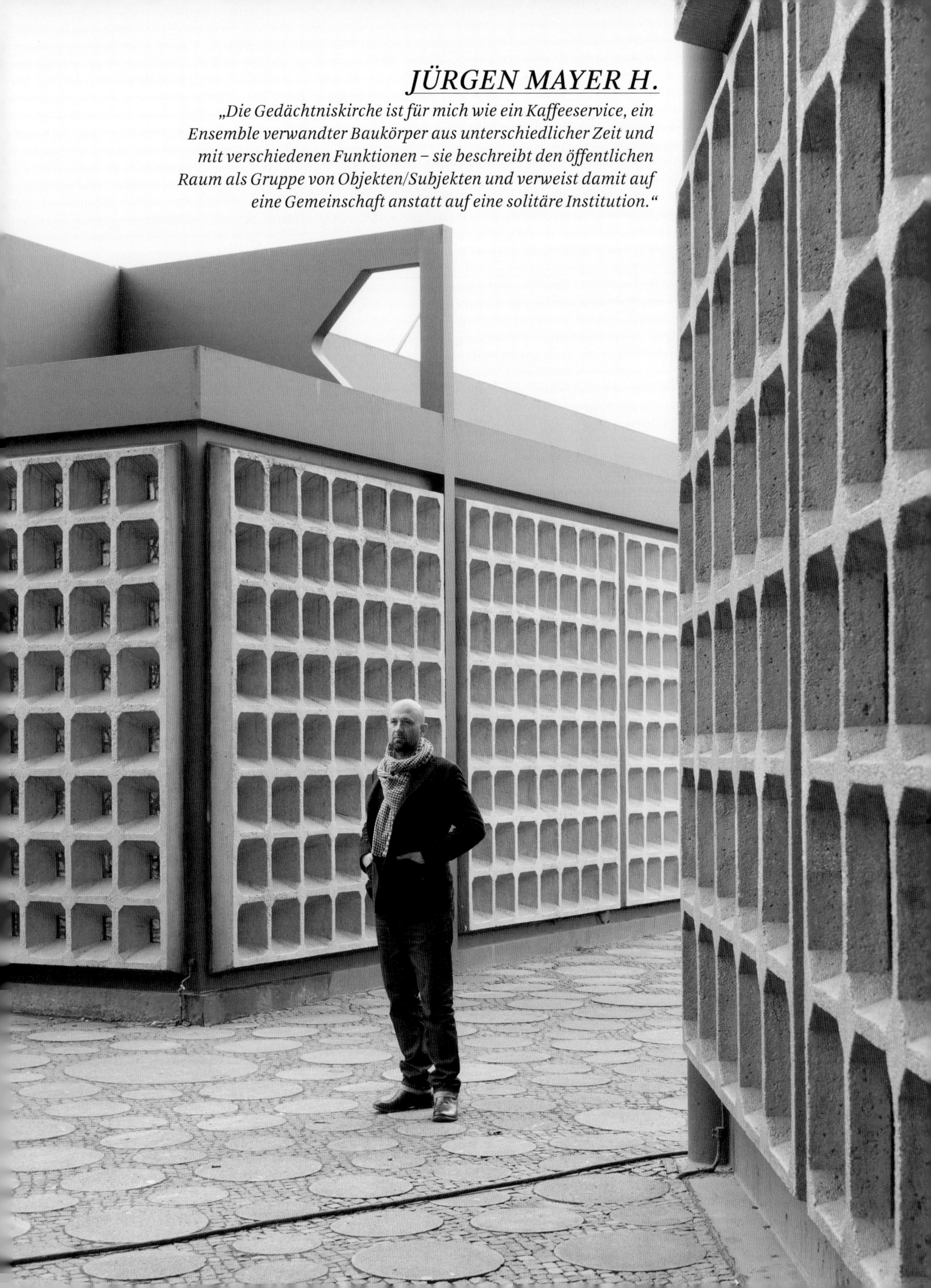

„*Die Gedächtniskirche ist für mich wie ein Kaffeeservice, ein Ensemble verwandter Baukörper aus unterschiedlicher Zeit und mit verschiedenen Funktionen – sie beschreibt den öffentlichen Raum als Gruppe von Objekten/Subjekten und verweist damit auf eine Gemeinschaft anstatt auf eine solitäre Institution.*"

LIEBLINGSORTE

ANTON NACHBAUR
„DIE DACHTERRASSE DES 10-GESCHOSSIGEN WOHNBAUS, IN DEM ICH LEBE, MIT TOLLEM AUSBLICK ÜBER BREGENZ UND DEN BODENSEE. AM TAG UND IN DER NACHT EIN ORT ZUM NACHDENKEN, SCHAUEN UND LOSLASSEN."

nau. Wir können auf dieser Dämmung keine vernünftige Fassade mehr montieren, denn sie müsste sich über höhere Gebäude selbst tragen. Das wird dann aber so teuer, dass sich das niemand leisten kann. Und so klebt man nur noch und malt und dekoriert. Das ist natürlich ein ganz trauriges Geschäft, denn das Ganze wird dann mit dem Mäntelchen der Ökologie verkauft. Aber wir Architekten haben offensichtlich nicht den Mut, zusammenzustehen und das mal zu sagen." Selbstverständlich müsse der Nachhaltigkeitsaspekt in der Architektur berücksichtigt werden. Allerdings sollte man sensibler mit dieser Thematik umgehen. „Wir dürfen uns nicht selber aufgeben. Das ist entscheidend – in dieser Reibung sind wir im Moment. Da müssen wir Architekten verdammt aufpassen, dass wir da nicht untergehen."

AUF DER SUCHE NACH ALTERNATIVEN
Die befragten Architekten denken in anderen Dimensionen – weit jenseits des Passivhauses und all der verzweifelten Dämmversuche.
JULIA KLUMPP sagt, man sei in ökologischer Hinsicht noch lange nicht dort, wo man eigentlich sein sollte. STEFAN BEHNISCH wehrt sich vehement gegen die Aussage: Das Thema Nachhaltigkeit sei abgedroschen. Die Thematik sei noch nicht einmal angekratzt, hält er dagegen. „Die Nachhaltigkeit hat in der Architektur noch keinen elementaren Stellenwert eingenommen wie zum Beispiel die Statik. So weit sind wir noch lange nicht."
In den Vorstellungen vieler Architekten lebt der ‚Hightech durch Lowtech'-Gedanke. Gebaut werden sollte nicht mit noch mehr Technikausstattung und Energieverbrauch, fordern NIKOLAUS BIENEFELD und WOLF-ECKART LÜPS. Stattdessen sollte man sich vermehrt mit intelligenten Raumkonzepten und der Alterungsfähigkeit der Gebäude befassen. Die Wiederentdeckung alter Techniken und eine größere Sensibilität für die lokalen Bedingungen würden die Zukunft maßgeblich prägen, vermuten die Architekten GRÜNTUCH ERNST, schließlich müsse die Architektur auf die Folgen des Klimawandels mit effektiven Lösungen reagieren. Mit dem Bau einer Madrider Schule, unter der ein 600 Meter langes Thermolabyrinth zur natürlichen Klimatisierung eingegraben wird, zeigt das Architektenduo einen möglichen Lösungsansatz.
Passivhaus – ein blödes Wort für WOLF PRIX. Er fordert stattdessen ein Aktivhaus. Energie sparen bedeute gewöhnlich Einschränkung und Einengung. „Ich denke, dass die Gebäude mehr Energie erzeugen sollten als sie verbrauchen." Prix will dafür die natürlichen Voraussetzungen des Orts in die Planung integriert wissen. „Das hat zur Folge, dass man die Gebäude nach anderen Paradigmen ausrichtet als entlang vorgegebener Baufluchtlinien. Wenn ich das Haus optimal zu den geologischen Verhältnissen, zur Sonne, zum Wind stelle, dann gibt es keine Baufluchtlinie mehr im konventionellen Sinn, sondern alles richtet sich nach Energielinien aus. Das hat große Auswirkungen auf den konventionellen Flächennutzungsplan."

Deutsche Architekten gelten auf dem technischen Gebiet der Nachhaltigkeit als führend. Vielleicht hat sich diese Meinung mit unseren parteipolitischen Kehrtwendungen nach dem allmählichen GAU in Fukushima allgemein bestätigt. Aber nach den vorangegangenen Ausführungen lässt sich ein nationales Ranking kaum glaubhaft aufstellen, da schon die geografischen und wirtschaftlichen Voraussetzungen in jedem Land anders sind. Entsprechend unterschiedlich müssen die Architekten reagieren.

Hightech durch Lowtech oder Lowtech durch Hightech? Wie auch immer die Lösungsansätze in Zukunft aussehen mögen, im Grunde ist alles doch ganz einfach: Nachhaltigkeit, so DIETRICH FINK, tangiert nicht nur Architektur, sondern auch unser Verhalten. „Wenn wir nur einmal darauf verzichten, mit dem Flugzeug in den Urlaub zu fliegen, dann sparen wir so viel Energie ein wie mit einem Energiehaus." Die Zahlen sind laut einer *Focus-online*-Studie von 2004 sogar noch drastischer: Mit dem Energieverbrauch einer Fernreise mit dem Flugzeug ließe sich ein neueres Wohnhaus vier Jahre lang beheizen und mit warmem Wasser versorgen (jeweils bezogen auf eine Person). Noch einfacher wird Nachhaltigkeit, wenn wir NIKOLAUS BIENEFELDS Rat befolgen: „Einfach einen dickeren Pullover anziehen."

AUSBLICK

HERMANN CZECH
„MAN MUSS DEN MUT HABEN, NICHT BEMERKT ZU WERDEN."

MARKUS ALLMANN
„ARCHITEKTEN TRAGEN EINE NEUE SOZIALE, ÖKOLOGISCHE UND POLITISCHE VERANTWORTUNG."

DIETRICH FINK
„WENN WIR NUR EINMAL DARAUF VERZICHTEN, MIT DEM FLUGZEUG IN DEN URLAUB ZU FLIEGEN, DANN SPAREN WIR SO VIEL ENERGIE EIN WIE MIT EINEM ENERGIEHAUS."

JÜRGEN BÖGE
„WAS WIRKLICH NACHHALTIG IST, WIRD ERST DIE GESCHICHTE BEWEISEN."

MUCH UNTERTRIFALLER
„ICH KANN SCHLECHTE ARCHITEKTUR DOCH NICHT DURCH DAS LABEL ‚PASSIVHAUS' AUFWERTEN."

WOLF PRIX
„ICH DENKE, DASS DIE GEBÄUDE MEHR ENERGIE ERZEUGEN SOLLTEN ALS SIE VERBRAUCHEN."

NIKOLAUS BIENEFELD
„EINFACH EINEN DICKEREN PULLOVER ANZIEHEN."

LIEBLINGSORTE

JÓRUNN RAGNARSDÓTTIR
„DIE KLEINE SCHALTERHALLE IM BONATZ-BAHNHOF. SIE IST EIN BEISPIEL DAFÜR, WIE SICH DER BOGEN DER ARCHITEKTUR VOM STÄDTEBAU BIS ZUR MAUERFUGE SPANNT. WEGEN DER TADELLOSEN AUSFÜHRUNG SIEHT DIE HALLE WIE AM ERSTEN TAG AUS – MIT AUSNAHME DER SCHEUSSLICHEN EINBAUTEN SPÄTERER GENERATIONEN."

MEINRAD MORGER

„UNSERE BÜRORÄUMLICHKEITEN SEIT 20 JAHREN. EIN URBANER ORT INMITTEN DER STADT. EIN ORT VOLLER INSPIRATION."

MUCK PETZET

„DER HAUPTBAHNHOF IN MÜNCHEN STEHT FÜR EINE WEITE, OFFENE UND INTERNATIONALE STADT, IN DER ICH GERN LEBEN WÜRDE."

LIEBLINGSORTE

„ACH, ICH BIN EHER SCHLICHTEN GEMÜTES. NEIN, ICH HABE KEINEN TRAUM. ICH DURFTE SCHON SO VIEL DÜRFEN. DAS SPANNENDSTE IST DIE ABWECHSLUNG." (STEFAN BEHNISCH) „NEIN, EINEN SPEZIELLEN TRAUM NICHT, WEIL ES EIGENTLICH EIN TRAUMBERUF IST. UND ICH WÜRDE MIR WÜNSCHEN, NOCH EIN PAAR SCHÖNE HÄUSER ZU BAUEN." (JÜRGEN BÖGE) „ICH HABE KEINEN ABGEHOBENEN TRAUM. MICH INTERESSIEREN IMMER GEWISSE PROJEKTE, MIT DENEN ICH FORTSCHRITTE MACHEN KANN. UND ICH BIN FROH, WENN DINGE VON MIR KOPIERT WERDEN. DAS FIND' ICH GROSSARTIG." (DIETMAR EBERLE) „ICH WÜRDE SCHON GERN EINMAL NOCH EINEN SAKRALEN RAUM ENTWERFEN." (MEINRAD MORGER) „UND KINDER SIND EIN THEMA, GUTE RÄUME FÜR KINDER." (REGINA SCHINEIS) „ICH MÖCHTE EINFACH MEHR ZEIT FÜR MEINE FAMILIE HABEN." (JAN KLEIHUES)

IN QUÄLENDER ZUFRIEDENHEIT

Gespräche mit Architekten scheinen einem Grundmuster zu folgen. Nicola Di Battista, Architekt, Publizist und ETH-Professor, schrieb dazu (2001): „Die Litanei der Architekten ist heute immer dieselbe: Es gibt keine Arbeit, niemand braucht uns, unser Beruf wird nicht mehr verstanden und Dinge dieser Art. Mit wenigen Ausnahmen fragt jedoch niemand nach den Gründen für diese Situation. Meistens nehmen Architekten eher noch eine gewisse kollektive Anspruchshaltung ein, die sich wirklich schlecht mit dem Charakter unseres Berufs und seinen Zielen vereinbaren lässt." Das heißt nicht, dass Frustration und Larmoyanz die Szene beherrschen. Ebenso gut lassen sich immer wieder Ambition und Engagement feststellen, die dem Beruf eine andere Dimension geben möchten als lediglich die Verantwortung für die baubare Vor-Zeichnung eines Gebäudes. Der Soziologe Lucius Burckhardt antwortete darauf einmal: „Wir glauben nicht an den unschuldigen Fachmann, der nur ausführt, was andere beschlossen haben. Der Fachmann ist stets auch nur ein Entscheidungsträger und partizipiert als solcher an der Herrschaft. Deshalb sollte er ein Grundwissen mitbringen, das ihn für diese Stellung legitimiert und ihn vor der Rolle des Fachidioten bewahrt, der uns in die heutige städtebauliche, verkehrsmäßige und environmentale Misère führte." Das sagte er 1972 in einem Gespräch mit der Zeitschrift *Archithese*. Aber selbst bei Fritz Schumacher entdeckten wir Aussagen, die nach 100 Jahren nichts von ihrer Gültigkeit verloren haben.

Solche ehernen Merksätze bedeuten nicht, dass die Architekten von einer standesgemäßen Lähmung befallen sind. Im Gegenteil. Bei aller unübersehbaren Hast der Veränderung zeigt ihr Berufsstand ein immerwährendes Interesse an der Auseinandersetzung. Natürlich hat jede Generation ihre eigenen Themen, und der Clash ist unvermeidlich, wenn die Honoratioren, die noch bei Mies praktiziert haben, mit alten 68ern, postmodernen Neotraditionalisten und Vertretern der performativen Architektur zusammentreffen. Dann fühlt man sich wie beim Facharzt im Wartezimmer, wenn die Patienten unterschiedliche Behandlungsmethoden aufgrund früherer Diagnosen vergleichen.

Eine Differenz, gerade in auftragsschwachen Zeiten, betrifft immer wieder das Selbstverständnis des Architekten. Sollen sie ihr Talent mehr am Laienverständnis prüfen, also „bei wichtigen Bauvorhaben [...] ihren Entwurf in einer Art öffentlicher Disputation erklären und für ihn werben", wie Hanno Rauterberg vorgeschlagen hat? Oder kann es gelingen, den Architekten in der Gesellschaft als Bau-Experten

EPILOG

anzuerkennen, dessen Können wir genauso respektieren wie den Rat unseres Zahnarztes oder Automechanikers? Bauen scheint so einfach zu sein. Wer hat nicht alles nach dem Krieg bei der Verwandtschaft mitgeholfen, ein kleines Siedlungshäuschen hinzustellen! Dazu brauchte man keinen Architekten. Heute sind es die Wohnzeitschriften, die beim Drama des Bauens allen ein unwillkürliches Mitspracherecht einräumen. Dass es dann nahe liegt, sich so bestens präpariert auf ein Verkaufsgespräch mit dem Schlüsselfertigbauer einzulassen, ist nicht verwunderlich.

Eine andere existenzielle Diskussion betrifft die Veränderung des Berufsbilds. Nicht nur die Defizite in der Baustellenpraxis, wie bei unseren Gesprächen über die Hochschulausbildung moniert wurde, sondern auch das unternehmerische Handeln als Freiberufler sind ein strittiges Thema. Soll der Architekt als Generalist möglichst alles können und verantworten oder sich zum Spezialisten, auch außerhalb der klassischen Bauplanung, vorarbeiten? Arbiter elegantiae oder Entrepreneur? Soll er sich Aufgaben zurückholen, weil er die Schnittstellenkompetenz besitzt, oder gerade deshalb welche abgeben? Die Antwort darauf dient nicht nur dazu, eine auskömmliche Beschäftigung zu garantieren. Sie berührt die Architektur selbst. Zum Beispiel das immer gern und unvermeidlich angesprochene Thema „Nachhaltigkeit". Hier kann sich der Architekt den Beruf verleiden lassen und als Dienstleister Anforderungen bündeln, aus denen dann beiläufig umbauter Raum entsteht. Er kann aber auch wie Thom Mayne das Thema besetzen und aus Widrigkeiten eine ganz neue Architektur entstehen lassen: „Ich muss meine Formen nicht mehr aus sich selbst begründen, sondern mit der ökologischen Notwendigkeit." Also, her damit!

HEIM-WÄRTS

Interviews haben die Eigenheit, dass man beim Nachlesen immer weiter fragen möchte. Es muss doch noch genauer gehen, warum haben wir hier nicht nachgehakt! Da sind sie uns wieder ausgewichen. Altes Journalisten-Trauma – als gäbe es eine endgültige Antwort.
Wir ließen uns von unvoreingenommener Neugierde leiten. Ergänzende andere Aussagen zwischen den Zitaten bedeuten deshalb keine Nachbesserung, sie gehören zum redaktionellen Hintergrund, um einen fortlaufenden schlüssigen Text zu erhalten. Es war ja nicht vorgesehen, die ausführlichen Gespräche lediglich hintereinander zu montieren. Vielmehr wollten wir das Gehörte auf uns wirken lassen und daraus Schwerpunkte ablesen. So ergaben sich die Kapitel, in denen die Ausführungen der einzelnen Architektinnen und Architekten auftauchen. Manchmal passen sie so gut zusammen, als hätten alle gleichzeitig an einem Tisch gesessen. Andermal kann man die Gegensätze fast greifen und weiß, welche abwesenden Kollegen gemeint sind, die nicht mehr widersprechen konnten. Für die Kategorisierungen waren die Autoren verantwortlich, und niemand soll damit vorgeführt werden als Vertreter einer abwegigen Auffassung. Jede Aussage ließe sich relativieren, vertiefen, zuspitzen. Wir haben sie benutzt, uns sozusagen unseren Reim darauf gemacht. Übrig blieben am Ende einige hundert Seiten Gesprächsprotokolle, die nicht verwendet wurden.

Sie sind jedoch kein Irrgarten, eher ein wuchernder Dichterhain, in dem viele schöne Sätze zu finden sind. Hätten sie drei Wünsche offen, welchen Traum würden die Architekten der Fee zur Verwirklichung aufgeben?, fragten wir abschließend, um die Wogen zu glätten.
STEFAN BEHNISCH ist zufrieden: „Ach, ich bin eher schlichten Gemüts. Nein, ich habe keinen Traum. Ich durfte schon so viel dürfen. Das Spannendste ist die Abwechslung." Auch JÜRGEN BÖGE bleibt realistisch in der Nähe: „Nein, einen speziellen Traum nicht, weil es eigentlich ein Traumberuf ist. Und ich würde mir wünschen, noch ein paar schöne Häuser zu bauen." DIETMAR EBERLE sieht sich ebenfalls in einem Kontinuum der Baugeschichte: „Ich habe keinen abgehobenen Traum. Mich interessieren immer gewisse Projekte, mit denen ich Fortschritte machen kann. Und ich bin froh, wenn Dinge von mir kopiert werden. Das find' ich großartig *(lacht)* – ich habe nicht das Trauma des individuellen Genies."
Daneben gibt es einige Architekten, die sich im fortgeschrittenen Alter gern mit baumeisterlichen Aufgaben versuchen würden. Dazu gehört MEINRAD MORGER. Er sagt: „Ich würde schon gern einmal noch einen sakralen Raum entwerfen. Der Besuch der Klosterschule in St. Gallen und der damit verbundene wöchentlich stattfindende Gottesdienst im hochbarocken Dom gaben mir einen ganz persönlichen Zugang zur Sakralarchitektur. In diesen Gebäuden ist die Bedingtheit von Licht, Raum und Kontemplation zentral."
Die Wunschzettel sind vielfältig. Hochhäuser, Ausstellungsbauten, Hotels und Brücken stehen drauf, auch eine nie gekannte Komplizenschaft mit einem engagierten Bauherrn. Und Kinder sind ein Thema, gute Räume für Kinder. Das hat eine Frau gesagt, wir erinnern uns an REGINA SCHINEIS. Dazu passt irgendwie auch der Wunsch von JAN KLEIHUES. Es ist der bescheidenste und schwierigste zugleich: „Ich möchte einfach mehr Zeit für meine Familie haben."

33 ARCHITEKTEN IM PORTRÄT

4A ARCHITEKTEN

IM PORTRÄT

4A ARCHITEKTEN

BÜRO// *4a Architekten GmbH, Stuttgart // www.4a-architekten.de*

BÜROINHABER// *Matthias Burkart, Alexander von Salmuth, Ernst Ulrich Tillmanns (1)*

GRÜNDUNGSJAHR// *1990*

WEITERE STANDORTE// *Moskau*

MITARBEITER INSGESAMT// *35*

PROFIL// *4a – vier Architekten, Matthias Burkart (links), Eberhard Pritzer (Partner bis 2001), Alexander von Salmuth (Mitte) und Ernst Ulrich Tillmanns (rechts) gründeten 1990 das Architektenbüro 4a. Zuvor arbeiteten die vier Architekten nach ihrem Studium als Projektarchitekten bei Behnisch und Partner, Stuttgart.*

Durch die Auseinandersetzung mit der Emotionalität von Räumen und Gebäuden bildet heute die Verknüpfung von Arbeitswelt und Freizeitbedarf einen Schwerpunkt. Sport- und Freizeitbauten sowie Kultur- und Bildungsbauten sind die Kernkompetenzen der 4a Architekten.

DIE WICHTIGSTEN GEBÄUDE//

DAS ERSTE: *MBM System-Pavillon*
DAS SCHWIERIGSTE: *Das ist schwierig ...*
DAS GRÖSSTE: *Therme Wien-Oberlaa (2)*
DAS KLEINSTE: *Sitzschnecken Hörsaal Universität Mannheim (3)*
DAS LIEBSTE: *Einbau Kaffeeküche im eigenen Büro*

IM PORTRÄT

ALLMANN SATTLER WAPPNER . ARCHITEKTEN

BÜRO// *Allmann Sattler Wappner . Architekten GmbH, München //*
www.allmannsattlerwappner.de

BÜROINHABER// *Markus Allmann (1), Amandus Sattler, Ludwig Wappner*

GRÜNDUNGSJAHR// *1993*

MITARBEITER INSGESAMT// *60*

PROFIL// *Die Arbeitsfelder des Büros umfassen das gesamte Spektrum architektonischen Gestaltens. Städtebauliche Planungen, öffentliche Bauten, Wohngebäude, gewerbliche Bauten und Arbeiten im Bereich des Produktdesigns dokumentieren den Ansatz einer vom Konzept bis zum Detail ganzheitlichen Entwurfsmethodik. Die Suche nach einem kontextbezogenen Dialog, einer räumlichen Identität bei gleichzeitiger struktureller Offenheit, der Angemessenheit im Verbrauch von Ressourcen.*

DIE WICHTIGSTEN GEBÄUDE//
Dornier Museum, Friedrichshafen (2)
Südwestmetall, Reutlingen (3)
Herz-Jesu-Kirche, München
Paul-Horn-Arena, Tübingen
Audi Corporate Architecture, weltweit

IM PORTRÄT
ATELIER CZECH

BÜRO// *Atelier Czech, Wien // www.hermann-czech.at*

BÜROINHABER// *Architekt Hermann Czech (3)*

GRÜNDUNGSJAHR// *1979 (Befugnis)*

MITARBEITER INSGESAMT// *3*

PROFIL// *Schwerpunkt des Büros: Architektur*

DIE WICHTIGSTEN GEBÄUDE//
(1982-84) Gastronomiegeschoss-Umbau (Restaurant, Bar, Hotelhalle, À-la-carte- und Bankettküche, Personalräume) im Palais Schwarzenberg, Wien (zerstört)
(1991-94) Winterverglasung der Loggia der Wiener Staatsoper
(1991-94) Volksschule Fuchsröhrenstraße (Rosa-Jochmann-Schule), Wien-Simmering (mit Wolfgang Reder) (1)
(2002/03-05) Hotel Messe Wien (2)

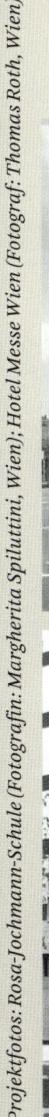

IM PORTRÄT
ATELIER LÜPS

BÜRO// *Atelier Lüps GbR, Schondorf // www.lueps.com*
BÜROINHABER// *Mauritz Lüps Architekt (links), Wolf-Eckart Lüps Architekt BDA (rechts) (1)*
GRÜNDUNGSJAHR// *1973: Wolf-Eckart Lüps // 2008: Mauritz Lüps // 2010: Atelier Lüps GbR*
MITARBEITER INSGESAMT// *4*
PROFIL// *Kulturbauten – Bauten für Kinder – Wohnungsbau – Segelsportanlagen*

DIE WICHTIGSTEN GEBÄUDE//
DAS ERSTE: *für Mauritz Lüps: Heizzentrale St. Ottillien 2009 (2)*
DAS SCHWIERIGSTE: *Stadttheater Landsberg 1995*
DAS GRÖSSTE: *Umbau des Kulturzentrums am Gasteig, München 2005*
DAS KLEINSTE: *Glaspavillon über einem Teich, Utting 1988 (3)*
DAS LIEBSTE: *Kojengebäude Bayerischer Yachtclub, Starnberg 1995*

IM PORTRÄT

AUER+WEBER +ASSOZIIERTE

BÜRO// *Auer+Weber+Assoziierte GmbH, Dipl.-Ing. Architekten, Stuttgart und München // www.auer-weber.de*

BÜROINHABER// *Moritz Auer (links), Philipp Auer (rechts), Jörn Scholz, Achim Söding, Stephan Suxdorf // Gründungsgesellschafter: Prof. Fritz Auer (Mitte) und Prof. Carlo Weber (3)*

GRÜNDUNGSJAHR// *1980: Auer+Weber // 2006: Auer+Weber+Assoziierte*

STANDORTE// *Stuttgart und München*

MITARBEITER INSGESAMT// *ca. 110*

PROFIL// *Schwerpunkt der Tätigkeit ist der Entwurf und die Planung von Neu- und Umbauten für öffentliche und private Auftraggeber, zunehmend auch als Generalplaner oder in Zusammenarbeit mit Investoren. Seit einigen Jahren werden verstärkt Vorhaben im Ausland akquiriert und realisiert. Die Bandbreite der Leistungen erstreckt sich von Planungen und Realisierungen im Bereich Verwaltung und Kultur, Bildung und Forschung, über Hotels und Wohnanlagen, Sport- sowie Verkehrsbauten bis hin zu städtebaulichen Konzepten und Masterplänen.*

DIE WICHTIGSTEN GEBÄUDE//

DAS ERSTE: Auer+Weber: Internationales Begegnungszentrum der Universität Freiburg (1984)
Auer+Weber+Assoziierte: LfA Förderbank Bayern, Königinstraße 23, München (2009)
DAS SCHWIERIGSTE: Pavillon der Bundesrepublik Deutschland EXPO '92, Sevilla
DAS GRÖSSTE: Fachhochschule Bielefeld (Fertigstellung 2013) (2)
DAS KLEINSTE: Brücke im Petuelpark, München
DAS LIEBSTE: Hierüber konnten wir keine Einigkeit erzielen, da hat jeder seine eigenen Favoriten. Zumindest besteht Konsens über das Bekannteste: Hotel am Cerro Paranal, Chile (1)

Projektfoto (1): Roland Halbe, Stuttgart; Rendering (2): Auer+Weber+Assoziierte

IM PORTRÄT

BARKOW LEIBINGER ARCHITEKTEN

BÜRO // *Barkow Leibinger Architekten, Berlin // www.barkowleibinger.com*

BÜROINHABER // *Frank Barkow und Regine Leibinger (3)*

GRÜNDUNGSJAHR // *1993*

MITARBEITER INSGESAMT // *40*

PROFIL // *Die Bandbreite der Leistungen von Barkow Leibinger Architekten umfasst öffentliche Bauten, Bürogebäude sowie Innenausbauten für Wohnen und Gewerbe im Bestand. Zum inhaltlichen Schwerpunkt – dem Industriebau – gehören neben der Aufstellung langfristiger Masterpläne zur Standortentwicklung vor allem die Planung und Realisierung repräsentativer und funktionaler Bauten für Produktion, Logistik und Verwaltung. Die Anwendung digitaler Entwurfs- und Fertigungstechniken bildet einen gemeinsamen Schwerpunkt in Büropraxis, Forschung und Lehre.*

DIE WICHTIGSTEN GEBÄUDE //

DAS ERSTE*: Kindertagesstätte und Jugendzentrum in Berlin, 1997/98 (1)*
DAS SCHWIERIGSTE*: Gebaut: Biosphäre Potsdam, 2001 (2) // Ungebaut: Der Neubau für die Architekturfakultät der Cornell University*
DAS GRÖSSTE*: Trumpf Entwicklungszentrum in Ditzingen (2009), 34.500 m²*
DAS KLEINSTE*: Umbau Ladengeschäft „Happy Kids" in Stuttgart, 45 m²*
DAS LIEBSTE*: Wir finden, das kann man als Architekt nicht sagen, auf irgendeine Weise liebt man sie alle.*

Projektfotos: Werner Huthmacher, Berlin

IM PORTRÄT
BAUMSCHLAGER EBERLE

BÜRO // *Baumschlager Eberle Lochau ZT GmbH, Lochau, Österreich // www.baumschlager-eberle.com*

BÜROINHABER // *Prof. DI Dietmar Eberle (1)*

GRÜNDUNGSJAHR // *1985*

WEITERE STANDORTE // *Vaduz, Wien, St. Gallen, Zürich, Berlin, Hongkong, Peking, Hanoi*

MITARBEITER INSGESAMT // *125*

PROFIL // *Unser Büro geht von einem Konzept aus, das den unmittelbaren Gebrauchswert, Wünsche der Nutzer und den nachhaltigen Umgang mit Ressourcen zu verbinden weiß. Es geht also darum, bestehende Lebenswelten zu optimieren, Lösungen für die Fragen der Zeit zu finden und Verantwortung zu übernehmen.*

DIE WICHTIGSTEN GEBÄUDE //
DAS ERSTE: *Mein erstes war sicherlich die Hoechster Siedlung Im Fang, die 1978 noch mit der Cooperative Dornbirn geplant wurde.*
DAS SCHWIERIGSTE: *Schwierig ist die Planung von Gebäuden nur dann, wenn der Bauherr nicht weiß, was er will.*
DAS GRÖSSTE: *Das Hochhaus PopMoma in Peking ist derzeit noch das größte Gebäude. (2)*
DAS KLEINSTE: *Das sind die sanitären Einheiten am Hafen Rohner, welche die Infrastruktur ergänzen.*
DAS LIEBSTE: *Das Nordwesthaus in Fußach (3)*

IM PORTRÄT

BEHNISCH ARCHITEKTEN

BÜRO // Behnisch Architekten, Stuttgart // www.behnisch.com

BÜROINHABER // Stefan Behnisch (3) // Die Partner: (Deutschland) Stefan Behnisch, David Cook, Martin Haas, Robert Hösle, Stefan Rappold // (USA) Stefan Behnisch, Christof Jantzen, Robert Matthew Noblett

GRÜNDUNGSJAHR // 1989 // Gegründet von: Stefan Behnisch, Günter Behnisch, Manfred Sabatke, Winfried Büxel, Erhard Tränkner als Behnisch & Partner, Büro Reithalle, später dann Behnisch, Behnisch & Partner, seit 2005 Behnisch Architekten

WEITERE STANDORTE // München, Boston, Los Angeles

MITARBEITER INSGESAMT // 120 an 4 Standorten

PROFIL // Architektur, Innenarchitektur, Landschaftsarchitektur, Städtebau, Freiraumplanung, Produktdesign // Das Büro erbringt alle Architektenleistungen, ist nicht spezialisiert auf bestimmte Gebäudetypen. In den vergangenen Jahren wurden viele Gebäude für die Bildung, Schulen, Universitätsbauten und Bauten für die Forschung geplant und realisiert.

DIE WICHTIGSTEN GEBÄUDE //

DAS ERSTE: St.-Benno-Gymnasium Dresden
DAS SCHWIERIGSTE: Hauptverwaltung für die Genzyme Corporation in Cambridge, MA.
DAS GRÖSSTE: Harvard Allston Science Complex (1)
DAS KLEINSTE: Hilde-Domin-Schule
DAS LIEBSTE: In unserem Büro gab es einige Schlüsselprojekte, die uns zum Umdenken gebracht haben. Ein wichtiges ist das IBN-Institut in Wageningen NL, heute Alterra. (2)

Projektfoto (2): Martin Schodder, Stuttgart // Rendering (1): Behnisch Architekten

IM PORTRÄT

BÖGE LINDNER
K2 ARCHITEKTEN

BÜRO// *Böge Lindner K2 Architekten, Hamburg // www.BoegeLindnerK2.de*

BÜROINHABER// *Jürgen Böge, Diplomingenieur, Architekt (1) // Ingeborg Lindner-Böge, Diplomingenieurin, Architektin // Lutz-Matthias Keßling, Diplomingenieur, Architekt // Detlev Kozian, Diplomingenieur, Architekt*

GRÜNDUNGSJAHR// *1981*

MITARBEITER INSGESAMT// *10*

PROFIL// *Schwerpunkt des Büros ist die Bearbeitung von Wettbewerben. Daraus ist ein relativ vielfältiges Spektrum an Bauten entstanden, die fast ausschließlich aus gewonnenen Wettbewerben hervorgegangen sind. Neben Bildungsbauten für Schulen und Hochschulen stehen eine Vielzahl von Verwaltungsbauten und Banken sowie Hotels und Wohnungsbauten. Feuerwehrzentren sind nach der Realisierung des BKRZ in Frankfurt ein weiterer Schwerpunkt des Büros. Aber auch spezielle Aufgaben wie das Sendezentrum für Radio Bremen oder die Spielbank in Hamburg gehören zu unserer Tätigkeit.*

DIE WICHTIGSTEN GEBÄUDE//
DAS ERSTE: *Moses-Mendelssohn-Oberschule, Berlin*
DAS SCHWIERIGSTE: *Radio Bremen (2)*
DAS GRÖSSTE: *Jacobs University Bremen (3)*
DAS KLEINSTE: *Kindertagesstätte Kronsberg, Hannover*
DAS LIEBSTE: *VP Bank Triesen, Liechtenstein*

IM PORTRÄT

BRT ARCHITEKTEN

BÜRO// *BRT Architekten LLP, Hamburg // www.brt.de*

BÜROINHABER// *Jens Bothe, Kai Richter und Hadi Teherani (3)*

GRÜNDUNGSJAHR// *1991*

WEITERE STANDORTE// *Dubai, Abu Dhabi, Moskau*

MITARBEITER INSGESAMT// *70*

PROFIL// *Unser Leistungsspektrum reicht von Büro-, Industrie- und Gewerbebauten über Verkehrs- und öffentliche Bauten bis zu Wohnbauten und Bauen im Bestand. Unsere Architekturprojekte werden durch maßgeschneiderte Innenarchitektur und innovatives Produktdesign der Hadi Teherani AG ergänzt. Darüber hinaus ist die BRT Engineering GmbH als Generalplaner für Projekte im In- und Ausland tätig.*

DIE WICHTIGSTEN GEBÄUDE//
DAS ERSTE: *Autohaus Car & Driver, Hamburg*
DAS SCHWIERIGSTE: *Fernbahnhof Frankfurt-Flughafen*
DAS GRÖSSTE: *Zayed Universität, Abu Dhabi (1)*
DAS KLEINSTE: *Nisthaus (Hadi Teherani AG) (2)*
DAS LIEBSTE: *Lofthaus am Elbberg, Hamburg*

Projektfoto und Rendering: © BRT Architekten

IM PORTRÄT
BURKARD MEYER ARCHITEKTEN

BÜRO// *Burkard Meyer Architekten BSA, Adrian Meyer Prof. ETH, Baden // www.burkardmeyer.ch*

BÜROINHABER// *Oliver Dufner, Daniel Krieg, Andreas Signer, Urs Burkard, Adrian Meyer (3)*

GRÜNDUNGSJAHR// *1968*

MITARBEITER INSGESAMT// *35*

PROFIL// *Wohnungsbau, Schulbauten, Bürobauten*

DIE WICHTIGSTEN GEBÄUDE//
DAS ERSTE: *Trudelhaus Baden 1969*
DAS GRÖSSTE: *Dienstleistungs- und Verwaltungszentrum Winterthur (2)*
DAS KLEINSTE: *Abdankungshalle Zug*
DAS LIEBSTE: *Berufsbildungsschule Baden (1)*

IM PORTRÄT

CARSTEN ROTH ARCHITEKT

BÜRO//*Carsten Roth Architekt, Hamburg // www.carstenroth.com*

BÜROINHABER//*Prof. Carsten Roth (1)*

GRÜNDUNGSJAHR//*1987*

WEITERE STANDORTE//*Denver, USA*

PROFIL//*Büro- und Wohnungsbau, Kultur- und Industriebau*

DIE WICHTIGSTEN GEBÄUDE//

DAS ERSTE: Universal Prints in Hamburg-Rotherbaum, Deutschland
DAS SCHWIERIGSTE: Optimal, CD-Druckerei und Kreativwerkstatt in Röbel, Deutschland
DAS GRÖSSTE: Die Konzernzentrale der Österreichischen Volksbanken AG in Wien, Österreich (3)
DAS KLEINSTE: Kunstspeicher Prantl in Pöttsching, Österreich (2)
DAS LIEBSTE Bauwerk ist immer das, an dem zuletzt gearbeitet wurde!

Projektfotos: Klaus Frahm, Berlin / artur images

IM PORTRÄT

COOP HIMMELB(L)AU

BÜRO// *Wolf D. Prix / W. Dreibholz & Partner ZT GmbH, Wien // www.coop-himmelblau.at*

BÜROINHABER// *Geschäftsleitung: Wolf D. Prix (1), Wolfdieter Dreibholz, Harald Krieger, Karolin Schmidbaur*

GRÜNDUNGSJAHR// *1968*

WEITERE STANDORTE// *Frankfurt a. M./Deutschland, Paris/Frankreich und Hongkong/China*

MITARBEITER INSGESAMT// *derzeit 150 aus 19 Nationen*

PROFIL// *COOP HIMMELB(L)AU wurde 1968 von Wolf D. Prix, Helmut Swiczinsky und Michael Holzer in Wien gegründet und ist seither in den Bereichen Architektur, Stadtplanung, Design und Kunst tätig. 1988 wurde ein weiteres Atelier in Los Angeles, USA, eröffnet. Weitere Projektbüros befinden sich in Frankfurt a. M./Deutschland, Paris/Frankreich und Hongkong/China.*

Zu den international bekanntesten Projekten von COOP HIMMELB(L)AU gehören der Dachausbau Falkestraße in Wien (1988), der Masterplan für die Stadt Melun-Sénart in Frankreich, der Ostpavillon des Groninger Museums in den Niederlanden (1994), das Design der EXPO'02 Arteplage im schweizerischen Biel, der multifunktionale Dresdner UFA Kinopalast (1998), die Akademie der Bildenden Künste (2005), die BMW Welt (2007) sowie der Pavillon 21 MINI Opera Space (2010) in München, das Akron Art Museum in Ohio (2007), die Central Los Angeles Area High School #9 for the Visual and Performing Arts in Los Angeles (2008) und die Martin-Luther-Kirche in Hainburg, Österreich (2011).

DIE WICHTIGSTEN GEBÄUDE//
DAS ERSTE: *Dachbausbau Falkestraße*
DAS GRÖSSTE: *Dalian International Conference Center in China (2)*
DAS KLEINSTE: *Martin-Luther-Kirche in Hainburg (3)*
DAS LIEBSTE: *immer das nächste*

IM PORTRÄT

CUKROWICZ NACHBAUR ARCHITEKTEN

BÜRO// *Cukrowicz Nachbaur Architekten ZT GmbH, Bregenz // www.cn-architekten.com*

BÜROINHABER// *Mag. arch. Andreas Cukrowicz, Dipl.-Ing. Anton Nachbaur-Sturm (2)*

GRÜNDUNGSJAHR// *1996 (ZT GmbH seit 2008)*

MITARBEITER INSGESAMT// *7*

PROFIL// *Vorwiegende Tätigkeit im öffentlichen Bereich: Ausstellungsbauten, Schulen, Sportbauten, Wohnbauten.*

DIE WICHTIGSTEN GEBÄUDE//
DAS ERSTE: *Veranstaltungssaal „CUBUS", Wolfurt*
DAS SCHWIERIGSTE: *Vorarlberger Landesmuseum, Bregenz*
DAS GRÖSSTE: *Um- und Zubau Messe Innsbruck (3)*
DAS KLEINSTE: *Bergkapelle Alpe Vordere Niedere, Andelsbuch*
DAS LIEBSTE: *Bergkapelle Alpe Vordere Niedere, Andelsbuch (1)*

IM PORTRÄT
DIETRICH / UNTERTRIFALLER ARCHITEKTEN

BÜRO// *Dietrich / Untertrifaller Architekten, Bregenz // www.dietrich.untertrifaller.com*

BÜROINHABER// *DI Helmut Dietrich, DI Much Untertrifaller (3)*

GRÜNDUNGSJAHR// *1994 (Zusammenarbeit Dietrich / Untertrifaller ab 1986)*

WEITERE STANDORTE// *Wien (seit 2004), St. Gallen (seit 2005)*

MITARBEITER INSGESAMT// *32*

PROFIL// *Schwerpunkt sind Kultur und Bildung geworden. Generell lieben wir die Abwechslung! Sie hält uns wach. Wiederholungen fadisieren uns. Mit komplexen Anforderungen setzen wir uns am liebsten auseinander.*

DIE WICHTIGSTEN GEBÄUDE//
DAS ERSTE: *Don Gil in Dornbirn, 1987*
DAS SCHWIERIGSTE: *Festspielhaus in Bregenz, 1998 bzw. 2006*
DAS GRÖSSTE: *Festspielhaus in Bregenz, 1998 bzw. 2006 (1)*
DAS KLEINSTE: *Café W. Greil in Innsbruck, 1996*
DAS LIEBSTE: *Stadthalle in Wien, 2006 (2)*

IM PORTRÄT

FINK+JOCHER ARCHITEKTEN

BÜRO// *Fink+Jocher Architekten und Stadtplaner, München // www.fink-jocher.de*

BÜROINHABER// *Dietrich Fink (1) und Thomas Jocher*

GRÜNDUNGSJAHR// *1991*

MITARBEITER INSGESAMT// *12*

PROFIL// *Stadtplanung und Architektur*

WICHTIGE GEBÄUDE//
Stadthaus Neu-Ulm (2)
Innovationszentrum, Ingolstadt (3)

Projektfotos: Michael Heinrich, München

IM PORTRÄT

FLORIAN NAGLER ARCHITEKTEN

BÜRO// *Florian Nagler Architekten GmbH, München // www.nagler-architekten.de*

BÜROINHABER// *Florian Nagler (2), Barbara Nagler*

GRÜNDUNGSJAHR// *1996*

MITARBEITER INSGESAMT// *derzeit 17*

PROFIL// *keine Spezialisierung! Wir machen alles, was uns Freude bereitet ...*

DIE WICHTIGSTEN GEBÄUDE//
DAS ERSTE: Distributionszentrum, Bobingen (1)
DAS SCHWIERIGSTE: irgendwie sind sie alle schwierig
DAS GRÖSSTE: Firmensitz Bass GmbH (3)
DAS KLEINSTE: Besprechungsraum
DAS LIEBSTE: keine Favoriten

Projektfotos: Stefan Müller-Naumann, München

IM PORTRÄT

GRAFT – GESELLSCHAFT VON ARCHITEKTEN MBH

BÜRO// *GRAFT – Gesellschaft von Architekten mbH, Berlin // www.graftlab.com*

BÜROINHABER// *Thomas Willemeit (Mitte), Wolfram Putz (links), Lars Krückeberg (rechts) (2)*

GRÜNDUNGSJAHR// *1998 Los Angeles, 2001 Berlin, 2004 Peking (mit Gregor Hoheisel)*

WEITERE STANDORTE// *s.o.*

MITARBEITER INSGESAMT// *75*

PROFIL// *Das Architekturlabel GRAFT wurde 1998 durch Lars Krückeberg, Wolfram Putz und Thomas Willemeit in Los Angeles, Kalifornien gegründet. Graft ist ein internationales Architekturbüro für Städtebau, Architektur, Design und „the pursuit of happiness". Insgesamt beschäftigt Graft mit weiteren Büros in Berlin und Peking weltweit ca 75 Mitarbeiter auf drei Kontinenten. Das Büro in Peking wird von Gründungs-Partner Gregor Hoheisel geleitet.*

Graft zeichnet sich durch seine experimentierfreudige und interdisziplinäre Entwurfspraktik und seine futuristische Formsprache aus. Grafts visionäre Designphilosophie beruft sich dabei auf einem der Botanik entnommenen Verfahren des Aufpropfens. In dieser werden die positiven Eigenschaften von zwei genetisch diversen Pflanzen durch das Aufpropfen in einem neuartigen Hybriden kombiniert. Das „grafting" versteht sich als das Verbinden von vermeintlichen Gegensätzen zu einem neuen, genetisch überlegenen Ergebnis.

WICHTIGES GEBÄUDE//
Kirche Wünsdorf (1)

Rendering: © GRAFT – Gesellschaft von Architekten mbH

IM PORTRÄT

GRÜNTUCH ERNST ARCHITEKTEN

BÜRO// *Grüntuch Ernst Architekten, Berlin // www.gruentuchernst.de*

BÜROINHABER// *Armand Grüntuch, Prof. Almut Grüntuch-Ernst (2)*

GRÜNDUNGSJAHR// *1991*

MITARBEITER INSGESAMT// *ca. 30*

PROFIL// *Das Büro deckt das gesamte Spektrum architektonischer Planung von der städtebaulichen Masterplanung bis zur Realisierung anspruchsvoller Bauprojekte ab, umfasst aber auch Sonderaufgaben im Spannungsbereich von Architektur und Kunst wie die Gestaltung des deutschen Beitrags auf der Architekturbiennale 2006 in Venedig.*

DIE WICHTIGSTEN GEBÄUDE//

DAS ERSTE: *Förderschule Berlin-Hellersdorf*
DAS SCHWIERIGSTE: *Höfe am Brühl, Leipzig (3)*
DAS GRÖSSTE: *Turfclub Masterplan, Penang Malaysia, 2. Preis Wettbewerb 2005 (1)*
DAS KLEINSTE: *Center Peep, KunstWerke, Berlin Biennale 1998*
DAS LIEBSTE: *Auguststraße 51, Berlin-Mitte*

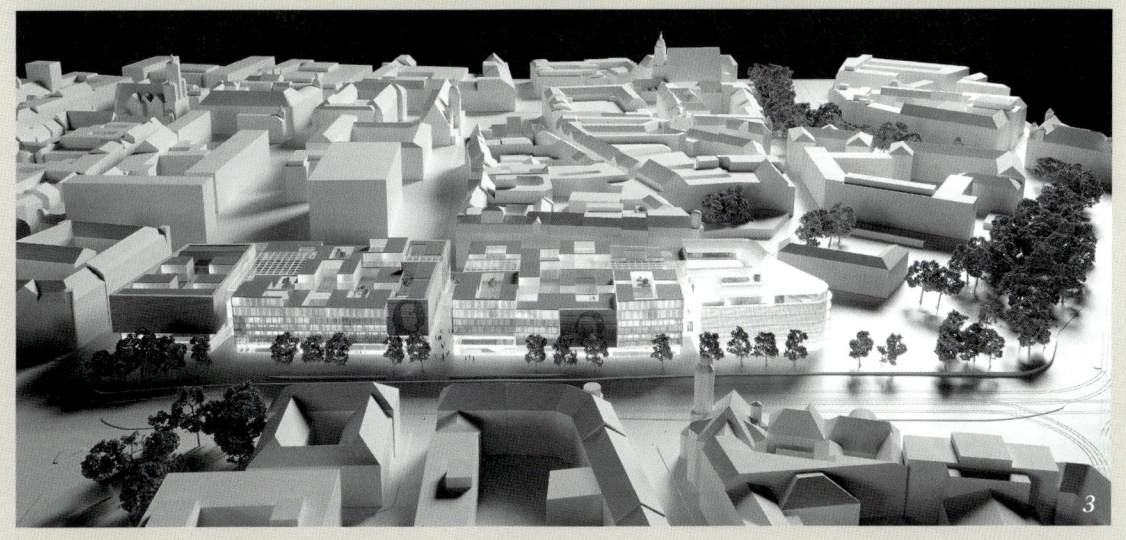

Rendering: © Grüntuch Ernst Architekten, Berlin

IM PORTRÄT

HENN ARCHITEKTEN

BÜRO// *Henn Architekten, München // www.henn.com*
BÜROINHABER// *Gunter Henn (3)*
GRÜNDUNGSJAHR// *1979*
WEITERE STANDORTE// *Berlin, Peking, Schanghai, Dubai*
MITARBEITER INSGESAMT// *265 (Stand 07/2011)*

PROFIL// Henn Architekten ist ein international tätiges deutsches Architekturbüro mit über 30-jähriger Expertise in den Bereichen Kultur- und Verwaltungsbau, Lehre und Forschung sowie Entwicklung und Produktion. Das breite Spektrum von Tätigkeiten umfasst Objektplanung, Interior Design, Masterplanung, Quantity Surveying, Construction Management sowie Leed-Zertifizierung.

Das Büro wird von Gunter Henn und neun Partnern geführt. In den Büros in München, Berlin, Peking, Schanghai und Dubai arbeiten heute 260 Mitarbeiter in Projektteams aus Architekten, Designern, Planern und Ingenieuren.

DIE WICHTIGSTEN GEBÄUDE//
DAS ERSTE: ein Wohnhaus in Oberbayern
DAS SCHWIERIGSTE: der Masterplan für das Kunstareal in München
DAS GRÖSSTE: das Headquarter für die chinesische Lebensversicherung China Life in Peking (1)
DAS KLEINSTE: die Renovierung des Firmensitzes von Bugatti in Molsheim und die Erweiterung des Standorts um ein Ateliergebäude, in dem die Endmontage der Fahrzeuge erfolgt
DAS LIEBSTE: die Gläserne Manufaktur in Dresden (2)

IM PORTRÄT

HIENDL_SCHINEIS

BÜRO// *Hiendl_Schineis Architektenpartnerschaft, Augsburg/Passau // www.hiendlschineis.com*

BÜROINHABER// *Regina Schineis, Stefan Hiendl (3)*

GRÜNDUNGSJAHR// *1998*

STANDORTE// *Augsburg und Passau*

MITARBEITER INSGESAMT// *8*

PROFIL// *Alle Aufgaben aus dem Bereich der Baukultur*

DIE WICHTIGSTEN GEBÄUDE//
DAS ERSTE: Musikprobensaal Thannhausen (2)
DAS SCHWIERIGSTE: Kita Josef-Felder-Straße, Augsburg
DAS GRÖSSTE: jedes für sich
DAS KLEINSTE: Einstiegsbauwerk Königsplatz, Augsburg (1)
DAS LIEBSTE: Haus l, Doktorgässchen, Augsburg

Projektfotos: Eckhart Matthäus, Augsburg

IM PORTRÄT

INGENHOVEN ARCHITECTS

BÜRO// ingenhoven architects, Düsseldorf // www.ingenhovenarchitects.com
BÜROINHABER// Christoph Ingenhoven (3)
GRÜNDUNGSJAHR// 1985
WEITERE STANDORTE// Zürich, Sydney, Singapur, San Francisco
MITARBEITER INSGESAMT// 80
PROFIL// Seit unserer Gründung setzen wir uns für nachhaltige und ökologische Architektur ein und dies für die unterschiedlichsten Gebäudetypen weltweit: Hochhäuser, Infrastrukturprojekte, Industriebauten, Wohnhäuser etc.

DIE WICHTIGSTEN GEBÄUDE//
DAS ERSTE: RWE Hochhaus in Essen, zum Glück ein Bauherr, der Experimente und Innovation gefördert hat.
DAS SCHWIERIGSTE: könnte der Bahnhof Stuttgart sein, in jeder Beziehung, aber das schaffen wir schon noch ... (2)
DAS GRÖSSTE: ist nicht nur ein Gebäude – wir haben unter verschiedenen Aspekten betrachtet (Grundstücksgröße, BGF, Investition), das diese Bezeichnung verdient: es ist das Lufthansa Aviation Center (1), es ist die Europäische Investitionsbank in Luxemburg, es ist das Hochhaus in Sydney, der Bahnhof Stuttgart, das neue Stadtquartier in Singapur, das Google Headquarter in Palo Alto bei San Francisco.
DAS KLEINSTE: Messestand Tokio
DAS LIEBSTE: immer das, an dem ich gerade arbeite.

Projektfoto (1): ingenhoven architects, Düsseldorf / H.G. Esch, Hennef; Rendering (2): ingenhoven architects, Düsseldorf / Holger Knauf, Düsseldorf

IM PORTRÄT
J. MAYER H.

BÜRO // *J. MAYER H., Berlin // www.jmayerh.de*

BÜROINHABER // *Jürgen Mayer H. (3)*

GRÜNDUNGSJAHR // *1996*

MITARBEITER INSGESAMT // *18*

PROFIL // *J. MAYER H. Architekten, von Jürgen Mayer H. 1996 in Berlin gegründet, arbeiten an den Schnittstellen von Architektur, Kommunikationsdesign und Neuen Technologien. Dabei spielt der Einsatz interaktiver Medien und responsiver Materialien eine zentrale Rolle bei der Produktion von Raum. Aktuelle Projekte sind der Neubau einer Mensa der Hochschulen Karlsruhe, die Villa Dupli.Casa nahe Ludwigsburg, Metropol Parasol – die Neugestaltung der Plaza de la Encarnacion in Sevilla, das Bürohaus AdA1 in Hamburg und die Erweiterung des Wissenschaftsparks Danfoss Universe in Nordborg, Dänemark.*

DIE WICHTIGSTEN GEBÄUDE //
DAS ERSTE: *Stadthaus Ostfildern, Deutschland*
DAS SCHWIERIGSTE/DAS GRÖSSTE: *Metropol Parasol, Sevilla, Spanien (1)*
DAS KLEINSTE: *IC Berlin, Sonnenbrillen*
DAS LIEBSTE: *Dupli.Casa, Haus nahe Ludwigsburg, Deutschland (2)*

Projektfotos: David Franck, Ostfildern

IM PORTRÄT

KAHLFELDT ARCHITEKTEN

BÜRO// *Petra und Paul Kahlfeldt Architekten, Berlin // www.kahlfeldt-architekten.de*

BÜROINHABER// *Prof. Dipl.-Ing. Petra Kahlfeldt, Architektin BDA, Prof. Dr.-Ing. Paul Kahlfeldt, Architekt (1)*

GRÜNDUNGSJAHR// *1987*

MITARBEITER INSGESAMT// *12*

PROFIL// *Unser Büro hat keine Schwerpunkte und keine Spezialisierung. Wir verstehen Planen und Bauen als unzertrennliche Einheit, versuchen möglichst bei allen Projekten die Baudurchführung zu überwachen und die Gebäude bis zur Fertigstellung zu betreuen.*

DIE WICHTIGSTEN GEBÄUDE//
DAS ERSTE: *Engelhardt-Brauerei, Berlin (3)*
DAS SCHWIERIGSTE: *immer das aktuellste Projekt (in diesem Fall: Neubau eines Wohnhauses in der Peter-Lenné Straße in Berlin)*
DAS GRÖSSTE: *Hochhäuser am Arnulfpark, München*
DAS KLEINSTE: *Außentreppe am Haus Schomaker von Morsbach, Berlin*
DAS LIEBSTE: *das aktuell noch nicht zur Realisierung vorgesehene (in diesem Fall: Wohnhaus „Zebra" am Berlin Pavillon, Berlin) (2)*

IM PORTRÄT

KLEIHUES+KLEIHUES

BÜRO// *Kleihues+Kleihues Gesellschaft von Architekten mbH, Berlin // www.kleihues.com*

BÜROINHABER//
Jan Kleihues (1) mit Partner Norbert Hensel

GRÜNDUNGSJAHR// *1996*

WEITERE STANDORTE//
Dülmen-Rorup, Oslo/ Norwegen

MITARBEITER INSGESAMT// *ca. 70*

PROFIL// *Die Gründung des Büros Kleihues + Kleihues Gesellschaft von Architekten mbH durch die Gesellschafter Josef Paul Kleihues, Jan Kleihues mit Norbert Hensel erfolgte im Jahr 1996. Nach dem Tod von Josef Paul Kleihues im Sommer 2004 führen Jan Kleihues und Norbert Hensel das Büro fort. Die Schwerpunkte der letzten Jahre liegen bei Hotelbauten, Bildungsbauten, Einzelhandel, Kulturbauten, Bürobauten, Wohngebäuden, Regierungsbauten, Freizeitbauten.*

DIE WICHTIGSTEN GEBÄUDE//
DAS ERSTE*: Wohn- und Geschäftshaus am Leipziger Platz 14, Berlin*
DAS SCHWIERIGSTE*: Hotel H 10, Berlin*
DAS GRÖSSTE*: Hauptzentrale des Bundesnachrichtendienstes, Berlin (2)*
DAS KLEINSTE*: Fahrgastunterstand der Stadtmöbelserie „Münster" für die Wall AG*
DAS LIEBSTE*: Hotel Concorde, Berlin (3)*

Projektfotos: Stefan Lotz, Berlin (2) / Stefan Müller, Berlin (3)

IM PORTRÄT

KLUMPP + KLUMPP ARCHITEKTEN

BÜRO// *Klumpp + Klumpp Architekten, Stuttgart // www.klumpp-architekten.de*

BÜROINHABER// *Prof. Hans Klumpp + Julia Klumpp (1)*

GRÜNDUNGSJAHR// *1977 Prof. Hans Klumpp // 2006 Klumpp + Klumpp Architekten*

WEITERE STANDORTE// *Aichtal*

MITARBEITER INSGESAMT// *3 fest angestellt + 3 Studenten*

PROFIL// *Über Wettbewerbe: alles ... öffentliche Bauten (Schule, Hochschule, Gemeindehaus, Kindergarten), Kirche (Erweiterung, Sanierung), Wohnungsbau (Bebauungspläne, verdichteter Wohnungsbau, Wohnhäuser), Sanierung (Hochschule)*

DIE WICHTIGSTEN GEBÄUDE//
DAS LIEBSTE: *Wohnhaus Cammerer, Adelberg*
MIT DEM ORT VERWOBEN: *Bücherei + Jugendräume Kemnat (3)*
SCHÖNSTE TREPPE: *Evangelische Hochschule Ludwigsburg*
DIE NETTESTEN KLEINEN NUTZER: *Kindertagesstätte Obertürkheim*
DAS HAPTISCHE: *Mörike-Gymnasium Göppingen (2)*
DAS SCHWIERIGSTE: *Bürgerhaus, Bernhardskapelle Owen – Sanierung + Umbau*

Projektfotos: Zooey Braun, Stuttgart

IM PORTRÄT

LEDERER + RAGNARSDÓTTIR + OEI

BÜRO// *Lederer + Ragnarsdóttir + Oei, Stuttgart // www.archlro.de*

BÜROINHABER// *Prof. Arno Lederer, Prof. Jórunn Ragnarsdóttir (3), Marc Oei*

GRÜNDUNGSJAHR// *1979*

MITARBEITER INSGESAMT// *30*

PROFIL// *In unserem Büro bearbeiten wir alle Leistungsphasen. Architektur entsteht nicht nur durch die ersten Skizzen und Entwürfe. Entwerfen ist ein Vorgang, der selbst in der Ausführung noch eine Rolle spielt.*

Die erste Frage ist, was die Stadt und das Programm wollen. Danach hat sich alles zu richten. Die Durchgängigkeit von der großen Idee bis zum Detail und dessen Umsetzung ist wichtig. Schließlich erschließt sich für den Besucher die Architektur umgekehrt: vom Detail zum Ganzen.

Zu den Schwerpunkten unseres Büros zählen öffentliche Bauten aus den Bereichen Bildung, Kultur und Kirche: Schulen, Museen und kirchliche Einrichtungen.

DIE WICHTIGSTEN GEBÄUDE//
DAS ERSTE: *Haus Blum in Aichwald 1980*
DAS SCHWIERIGSTE: *Platz vor dem Staatstheater in Darmstadt (2)*
DAS GRÖSSTE: *Staatstheater in Darmstadt*
DAS KLEINSTE: *Grabstein für meine Großmutter*
DAS LIEBSTE: *Salem International College (1)*

IM PORTRÄT

MORGER + DETTLI ARCHITEKTEN

BÜRO// *MORGER + DETTLI ARCHITEKTEN AG BSA/SIA, Basel // www.morger-dettli.ch*

BÜROINHABER// *Meinrad Morger (2) und Fortunat Dettli*

GRÜNDUNGSJAHR// *2006*

MITARBEITER INSGESAMT// *20*

PROFIL// *Architektur*

DIE WICHTIGSTEN GEBÄUDE//

DAS ERSTE: *Ein Geschäfts- und Wohnhaus in Solothurn (2004–2009)*
DAS SCHWIERIGSTE: *Eine Wohnüberbauung in Basel (2005–2009)*
DAS GRÖSSTE: *Ein Hochhaus in Basel (2007–2015) (1)*
DAS KLEINSTE: *Ein Haus in den Bergen (2008–2009)*
DAS LIEBSTE: *Ein Museum in Vaduz (2009–2013) und das Neue Bad in St. Moritz (2010–2014) (3)*

Renderings: © Morger + Dettli (1); © Morger + Dettli und Bearth & Deplazes (3)

IM PORTRÄT

MUCK PETZET ARCHITEKTEN

BÜRO // *Muck Petzet Architekten, München // www.mp-a.de*

BÜROINHABER // *Muck Petzet (2)*

GRÜNDUNGSJAHR // *2003 (1993)*

MITARBEITER INSGESAMT // *9*

PROFIL // *Wohnungsbau, öffentliche Gebäude, Innenausbau, Umbau von Gebäuden der Moderne*

DIE WICHTIGSTEN GEBÄUDE //

DAS ERSTE: ein Bauernhaus in einem kleinen Dorf
DAS SCHWIERIGSTE /DAS GRÖSSTE: Infineon Konzernzentrale Neubiberg
DAS KLEINSTE: Atelierhaus in Steinebach (3)
DAS LIEBSTE: Herz-Jesu-Kirche (Wettbewerb) (1)

IM PORTRÄT

NIKOLAUS BIENEFELD, ARCHITEKT

BÜRO // *Architekturbüro Bienefeld Basel // Nikolaus Bienefeld, Architekt BDA, Swisttal-Odendorf // www.architekturbuero-bienefeld.de*

BÜROINHABER // *Nikolaus Bienefeld (1)*

GRÜNDUNGSJAHR // *1995 Übernahme des Büros Heinz Bienefeld nach dessen Tod*

PROFIL // *Architektur- vom Städtebau bis zum 1:1-Detail*

DIE WICHTIGSTEN GEBÄUDE //
DAS ERSTE: *Außentreppe*
DAS SCHWIERIGSTE: *Kath. Gemeindezentrum Köln-Blumenberg (2)*
DAS GRÖSSTE: *Kath. Gemeindezentrum Köln-Blumenberg*
DAS KLEINSTE: *Glashaus Haus Tippkötter, Bergisch Gladbach (3) oder das Puppenhaus für meine Tochter*
DAS LIEBSTE: *Wettbewerb Kindergarten Bonn-Müldorf*

Projektfotos: Lukas Roth, Köln (2) // Nikolaus Bienefeld (1)

IM PORTRÄT

PETER HAIMERL . ARCHITEKTUR

BÜRO// *Peter Haimerl . Architektur, München // www.peterhaimerl.com*

BÜROINHABER// *Peter Haimerl (1)*

GRÜNDUNGSJAHR// *1991*

WEITERE STANDORTE// *Eben/Bayerischer Wald*

MITARBEITER INSGESAMT// *5*

PROFIL// *Seit 1991 eigenes Architekturbüro in München.*

Seit 2000 „ZOOMTOWN", eine offene Forschungsplattform zur Optimierung städtischer Umwelt. Unter anderem wird in diesem Projekt ein Gesamtverbund der europäischen Metropolen angestrebt. Durch Reorganisieren von urbanen Infrastrukturen und Planungsprozessen soll die Effizienz und Lebensqualität der Großstädte in Europa den Herausforderungen durch die globale Konkurrenz gerecht werden.

DIE WICHTIGSTEN GEBÄUDE//
DAS ERSTE: MIMESIS Atelier, München (3)
DAS SCHWIERIGSTE:
Parkhaus Salvatorgarage, München
DAS GRÖSSTE: Korea-Stadt für 500 000 Einwohner (Projekt). Neues Administratives Zentrum für Südkorea
DAS KLEINSTE: CINCINNATI (Das Castle of Air orientiert sich am Spiegelsaal in der Amalienburg an der Grundform der Pagodenburg im Nymphenburger Park in München)
DAS LIEBSTE: Birg mich, Cilli! (2)

Projektfotos: Edward Beierle, München

IM PORTRÄT
STAAB ARCHITEKTEN

BÜRO // *Staab Architekten GmbH, Berlin // www.staab-architekten.com*

BÜROINHABER // *Volker Staab (3) und Alfred Nieuwenhuizen*

GRÜNDUNGSJAHR // *1991*

MITARBEITER INSGESAMT // *ca. 50*

PROFIL // *Die komplexen Bedingungen von Architektur zu einer einfachen, plausiblen Gestalt zu verdichten, ist ein wesentliches Anliegen unserer Arbeit. Dabei spielen kontextuelle, funktionale, wirtschaftliche und technische Bedingungen eine ebenso wichtige Rolle wie formale Aspekte, die sich aus der Logik eines Baukörpers entwickeln.*
Mit dieser Herangehensweise widmet sich unser Büro einem breiten Spektrum unterschiedlichster Bauaufgaben, sowohl in Form von Neubauten, die in sensible Stadt- und Landschaftsräume eingefügt werden, als auch in Form von Umbauten und Neuinterpretationen von denkmalgeschützten Gebäuden. Schwerpunkte unserer Tätigkeit bestehen in der Planung und Ausführung von Kulturbauten, Forschungs- und Lehrgebäuden sowie Büro- und Verwaltungsgebäuden.

DIE WICHTIGSTEN GEBÄUDE //
DAS ERSTE: *Neues Museum, Nürnberg*
DAS SCHWIERIGSTE: *Albertinum Dresden, Sanierung und Neubau Zentraldepot (1)*
DAS GRÖSSTE: *Neubau Ministeriumsgebäude, Stuttgart*
DAS KLEINSTE: *Besucherzentrum am Herkules, Kassel (2)*
DAS LIEBSTE: *Das jeweils Neueste*

IM PORTRÄT

WOLFGANG TSCHAPELLER

BÜRO// Wolfgang Tschapeller ZT GmbH, Wien/Österreich // www.tschapeller.com

BÜROINHABER// Wolfgang Tschapeller (3)

GRÜNDUNGSJAHR// 1996/2007

MITARBEITER INSGESAMT// 10

PROFIL// Architektur

DIE WICHTIGSTEN GEBÄUDE//
DAS ERSTE: Freud Museum, Wien, Österreich
DAS SCHWIERIGSTE: Hotel Palais Schwarzenberg, Wien, Österreich
DAS GRÖSSTE: Musiktheater Linz, Österreich (1)
DAS KLEINSTE: St. Joseph Haus, Österreich
DAS LIEBSTE: Centre for Promotion of Science, Belgrad, Serbien (2)

„ARCHITEKTUR IST NÄMLICH GANZ EINFACH"